who?

글 강민희

어린이들에게 도움이 되는 학습 만화를 만들기 위해 노력하는 젊은 작가입니다. 어릴 적 재미있게 읽은 책이 평생의 꿈을 바꿀 수 있다는 사명감으로 더욱 감동적이고 기억에 남을 만한 이야기를 만들기 위해 노력하고 있습니다.

그림 크레파스

어린이들을 위해 새롭고, 재미있고, 즐거운 이야깃거리를 만드는 만화 창작 집단입니다. 세상을 바꾼 인물들의 삶을 통해 어린이들이 희망찬 미래를 만들어가길 바랍니다. 작품으로 《지식 똑똑 경제 리더십 탐구-긍정의 힘》, 《Why? 서양 근대 사회의 시작》, 《Why? 세계대전과 전후의 세계》 등이 있습니다.

감수 경기초등사회과연구회
진로 탐색 감수 이랑(한국고용정보원 전임연구원)
추천 송인섭(숙명 여자 대학교 명예 교수)

 세계 인물

윈스턴 처칠

개정판 1쇄 인쇄 2024년 11월 15일
개정판 1쇄 발행 2025년 1월 1일

글 강민희 **그림** 크레파스

펴낸이 김선식
펴낸곳 다산북스

부사장 김은영
어린이사업부총괄이사 이유남
책임편집 박세미 **디자인** 김은지 **책임마케터** 김희연
어린이콘텐츠사업1팀장 박정민 **어린이콘텐츠사업1팀** 김은지 박세미 강푸른
마케팅본부장 권장규 **마케팅3팀** 최민용 안호성 박상준 김희연
편집관리팀 조세현 김호주 백설희 **저작권팀** 이슬 윤제희 **제휴홍보팀** 류승은 문윤정 이예주
재무관리팀 하미선 김재경 임혜정 이슬기 김주영 오지수
인사총무팀 강미숙 이정환 김혜진 황종원
제작관리팀 이소현 김소영 김진경 최완규 이지우 박예찬
물류관리팀 김형기 김선민 주정훈 김선진 한유현 전태연 양문현 이민운

출판등록 2005년 12월 23일 제313-2005-00277호
주소 경기도 파주시 회동길 490
전화 02-704-1724 **팩스** 02-703-2219
다산어린이 카페 cafe.naver.com/dasankids **다산어린이 블로그** blog.naver.com/stdasan
종이 신승NC **인쇄** 북토리 **코팅 및 후가공** 평창피앤지 **제본** 대원바인더리

ISBN 979-11-306-5800-1 14990

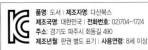

품명: 도서	**제조자명**: 다산북스
제조국명: 대한민국	**전화번호**: 02)704-1724
주소: 경기도 파주시 회동길 490	
제조년월: 판권 별도 표기	**사용연령**: 8세 이상

※ KC마크는 이 제품이 공통안전기준에 적합하였음을 의미합니다.

윈스턴 처칠

Winston Churchill

다산
어린이

자신만의 멘토를 만날 수 있는
who? 시리즈

　다산어린이의 〈who?〉 시리즈는 어린이들은 물론 어른들에게도 재미와 감동을 주는 교양 만화입니다. 〈who?〉 시리즈는 전 세계 인류에 영향력을 끼친 인물들로 구성되었으며 인물들의 삶과 사상을 객관적으로 전해 줍니다.

　이처럼 다양한 나라와 분야에서 활약한 위인들의 이야기를 통해 과학, 예술, 정치, 사상에 관한 정보는 물론이고, 나라별 문화와 역사까지 배우게 될 것입니다. 〈who?〉 시리즈의 가장 큰 장점은 위인들이 그들의 삶에서 겪은 기쁨과 슬픔, 좌절과 시련, 감동을 어린이들이 함께 느낄 수 있다는 것입니다. 어린이들은 이 책을 읽으면서 폭넓은 감수성을 함양하게 됩니다.

　〈who?〉 시리즈의 어린이 독자들이 책 속의 위인들을 통해 자신만의 멘토를 만나 미래의 세계적인 리더로 성장하기를 진심으로 응원합니다.

존 덩컨 미국 UCLA 동아시아학부 교수

존 덩컨(John B. Duncan) 교수는 한국학 분야의 세계적인 석학으로 미국 UCLA 한국학 연구소 소장 및 동 대학의 동아시아학부 교수를 겸직하고 있습니다. 하버드 대학교 교환 교수와 고려 대학교 해외 교육 프로그램 연구센터장을 역임했으며, 주요 저서로는 《조선 왕조의 기원》, 《조선 왕조의 시민 행정의 제도적 기초》 등이 있습니다.

세상을 더 나은 곳으로 만든
사람들의 이야기

어린이들은 자라면서 수많은 궁금증을 가지게 됩니다. 그중에서도 "저 사람은 누굴까?"라는 질문은 종종 아이들의 머릿속을 온통 지배해 버리기도 합니다. 다산어린이에서 출간된 〈who?〉 시리즈는 그런 궁금증을 해결해 주기 위해 지구촌 다양한 분야의 리더들을 소개하고 있습니다.

〈who?〉 시리즈에 등장하는 인물들은 인종과 성별을 넘어 세상을 더 나은 곳으로 만든 사람들입니다. 어린이들은 이 책에서 디지털 아이콘으로 불리는 스티브 잡스는 물론 니콜라 테슬라와 같은 천재 발명가를 만날 수 있습니다.

책 속 주인공들의 어린 시절 이야기를 통해 기쁨과 슬픔, 도전과 성취감을 함께 맛보고, 그들과 함께 성장하면서 스스로 창조적이고 인류에 도움이 되는 사람이 되겠다는 포부와 자신감을 갖게 될 것입니다.

〈who?〉 시리즈 속에서 다채롭고 생동감 넘치는 위인들의 이야기를 만나 보세요.

에드워드 슐츠 하와이 주립 대학교 언어학부 교수

에드워드 슐츠(Edward J. Shultz) 하와이 주립 대학교 언어학부 교수는 동 대학의 한국학센터 한국학 편집장을 역임한 세계적인 석학입니다. 평화봉사단 활동의 하나로 한국에서 영어 교사로 근무한 경험이 있으며, 현재 한국과 미국, 일본을 오가며 활발한 활동을 펼치고 있습니다. 저서로는 《중세 한국의 학자와 군사령관》, 《김부식과 삼국사기》 등이 있고, 한국 중세사와 정치에 대한 다수의 기고문을 출간했습니다.

미래 설계의 힘을 얻는 길이 여기에 있습니다

어린이가 성장하는 시기에는 스스로 미래를 설계하며 다양한 책을 접하는 경험이 필요합니다.

어린 시절 만난 한 권의 책이 인생에 미치는 영향이 얼마나 큰지는 꿈을 이룬 사람들의 말을 통해서 알 수 있습니다. 빌 게이츠는 오늘날 자신을 만든 것은 동네의 작은 도서관이었다고 말하고, 오프라 윈프리는 어린 시절 유일한 친구는 책이었음을 고백하며 독서의 중요성에 대해 이야기합니다.

꿈을 이룬 사람들의 공통점은 또 있습니다. 그들에게는 어린 시절, 마음속에 품은 롤 모델이 있었습니다. 여러분의 롤 모델은 누구인가요? 〈who?〉 시리즈에서는 현재 우리 어린이들이 가장 닮고 싶어하는 롤 모델을 만날 수 있습니다. 버락 오바마, 빌 게이츠, 조앤 롤링, 스티브 잡스 등 세상을 바꾼 사람들의 감동적인 이야기를 담은 〈who?〉 시리즈는 어린이들이 구체적인 목표를 설정하고 희망찬 비전을 세울 수 있도록 도와줄 친구이면서 안내자입니다. 〈who?〉 시리즈를 통하여 자신의 인생 모델을 찾고 미래 설계의 힘을 얻을 수 있습니다.

송인섭 숙명 여자 대학교 명예 교수

숙명 여자 대학교 명예 교수이자 한국영재교육학회 회장으로 자기주도학습 분야의 최고 권위자입니다. 한국교육심리연구회 회장, 한국교육평가학회장, 한국영재연구원 원장을 역임했습니다. 자기주도학습과 영재 교육의 이론을 실제 교육 현장에 적용하기 위해 노력하고 있습니다.

평생을 이끌어 줄
최고의 멘토를 만날 수 있는 책

10대에 가장 중요한 것은 무엇일까요? 학과 공부와 입시일까요? 우리나라 최초의 국제회의 통역사로 30년 동안 활동하면서 글로벌 리더들을 만날 기회가 수없이 많았던 저는 대한민국의 초등학생들에게 특별한 조언을 해 주고 싶습니다. 그것은 큰 꿈을 가지는 것이 무엇보다 중요하다는 것입니다.

꿈은 힘들고 지칠 때 나를 이끌어 주는 힘이고 내 인생의 주인이 되어 일어설 수 있게 하는 원동력이 되어 줍니다. 꿈이 있는 아이가 공부도 잘하고 결국 그 꿈을 실현할 수 있게 되는 것입니다. 저 역시 어린 시절 품었던 꿈이 지금의 자리에 있게 한 원동력이었습니다. 남들이 모르는 큰 꿈을 마음속에 간직하고 있었기에 괴롭고 힘들어도 포기하지 않고 다시 일어설 수 있었습니다.

어린 시절 저에게도 힘들고 지칠 때마다 용기를 불어넣어 주고 힘이 되어 주었던 분들이 있었습니다. 지금의 자리로 저를 이끌어 준 멘토들처럼 〈who?〉 시리즈에서 여러분의 친구이자 형제, 선생이 되어 줄 멘토를 만날 수 있기를 바랍니다.

최정화 한국 외국어 대학교 교수

우리나라 최초의 국제회의 통역사로 현재 한국 외국어 대학교 통번역대학원 교수로 재직 중입니다. 세계 무대에서 자신의 꿈을 이룬 여성 신화의 주인공으로, 역시 세계에서 꿈을 펼치려고 하는 청소년들에게 멘토로서의 역할을 충실히 하고 있습니다. 저서로는 《외국어 내 아이도 잘할 수 있다》, 《외국어를 알면 세계가 좁다》, 《국제회의 통역사 되는 길》 등이 있습니다.

- 이름: 윈스턴 처칠
- 생몰년: 1874~1965년
- 국적: 영국
- 직업·활동 분야: 군인, 정치인
- 대표작: 《제2차 세계 대전》,《폭풍의 한가운데》

윈스턴 처칠

윈스턴 처칠은 어린 시절 장난꾸러기에 말을 더듬고, 성적도 좋지 않은 말썽쟁이였습니다. 나중에는 공부를 열심히 해서 군인이 되고자 했지만 육군 사관 학교 시험에도 두 번이나 떨어졌지요. 하지만 끈질긴 집념으로 마침내 꿈을 이루었어요. 이후 처칠은 제2차 세계 대전이라는 상황에서 영국의 수상이 됩니다. 그는 과연 어떻게 위기 상황을 헤쳐 나갈까요?

클레먼타인 처칠

젊은 정치인으로 활발하게 일하기 시작하던 윈스턴 처칠은 클레먼타인에게 한눈에 반합니다. 곧 처칠과 결혼한 클레먼타인은 늘 그를 격려하고 이해하며 파란만장한 생애를 함께하게 됩니다.

아돌프 히틀러

제2차 세계 대전을 주도한 독일의 정치가입니다. 막강한 전투력을 바탕으로 프랑스까지 점령하며 유럽 전역을 위협했고, 마지막으로 남은 영국과 전쟁을 벌입니다.

들어가는 말

- 부모님의 무관심과 말을 더듬는 습관에 낮은 성적까지, 장난꾸러기 윈스턴 처칠이 어떻게 유럽 대륙을 나치로부터 지켜 낸 세기의 리더가 되었는지 알아봐요.
- 윈스턴 처칠이 겪어 낸 제1, 2차 세계 대전의 역사와 영국의 정치 제도에 대해 살펴봅시다.
- 처칠이 군인으로서 어떻게 독일을 막아 냈는지와 군인이 하는 일에 대해 알아봐요.

1 귀족가의 말썽쟁이 도련님

1874년, 영국 옥스퍼드 블레넘 궁전.

아직 두 달이나 남았어요. 이렇게 화려한 파티를 놓칠 수야 없지요.

무도회도 좋지만 좀 쉬어야 하는 게 아닌지 걱정이오.

아!

부인!

갑자기 배가 아파요. 파티를 망치지 않게 조용히 나가요.

윈스턴 처칠은 제7대 말버러 공작 존 스펜서 처칠의 셋째 아들인 랜돌프 처칠과 미국인 제니 제롬 부부 사이에서 태어났습니다.

하하하! 이렇게 일찍 나오다니 앞으로 아주 크게 될 아이야.

처칠 가문은 유명한 정치인들을 배출한 명문가였습니다.

당시 영국 귀족 가문의 아이들은 대부분 유모의 손에서 자랐습니다. 처칠도 예외는 아니었지요.

도련님, 일어나세요.

싫어, 더 잘 거야.

일어나셔야 해요.

이제 식사하러 가셔야죠.

아빠는 일하러 가셨어?

서재에 계세요.

정말? 나 아빠한테 갈래!

싫어,
지금 갈래!

안 돼요, 도련님.
우선 식사부터 하셔야죠.

나중에 모셔다
드릴게요.

싫어!
아빠한테 먼저
갈 거야.

도련님!

처칠의 아버지 랜돌프 처칠은 재무 장관을
지낸 존경받는 정치인이었습니다. 하지만
늘 바빠서 처칠과 많은 시간을 보내기
어려웠습니다.

아빠!

오랜만이지?
그새 많이 컸구나.

오늘은 일하러
안 나가세요?

오랜만에 휴일이란다.

똑 똑

이런!
잠시만 혼자
있으렴.

아빠랑 더
놀고 싶은데······.

이제 같이 놀아도 돼요?

그래, 그러자꾸나.

똑 똑

아버지는 너무 바빠서 처칠과 거의 시간을 보내지 못했습니다.

아!

오늘은 엄마가
집에 계시는구나.

최대한 우아하게
보여야 해.

정말 예쁘다.

좋아,
완벽해!

엄마, 오늘 진짜 예뻐요.
꼭 동화 속 공주님
같아요!

호호호, 고맙구나.

엄마,
안아 주세요!

윈스턴, 엄마가 곧 파티에 가야 해서
드레스가 구겨지면 안 된단다.

또 파티에
가세요?

유모를 불러 줘.

네, 마님.

윈스턴, 착하지?
유모에게
안아 달라고 하렴.

네……

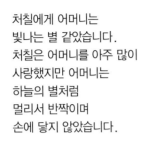

처칠에게 어머니는
빛나는 별 같았습니다.
처칠은 어머니를 아주 많이
사랑했지만 어머니는
하늘의 별처럼
멀리서 반짝이며
손에 닿지 않았습니다.

처칠의 아버지는 일로 바빴고,
어머니는 파티로 바빠서
처칠과 함께할 수 있는 시간이
많지 않았습니다.
어린 시절 처칠은 혼자 있는 시간이
많아 외로웠습니다.

선물
이야.

까아아악!

그래서인지 처칠은 아주 고집이 세고
장난도 심했습니다.

새 유모가
왔나 보다.

히힛, 당장 나가고 싶을 만큼
성대한 환영 인사를 해 줘야지.

에버레스트 부인,
블레넘 궁에 오신 것을
환영합니다.

홱

철 푸

덕

으악!

누가 위에서 뱀을 떨어뜨렸지?

푸하하! 아이고, 배야.

지금쯤 도망갔겠지?

앗!

처칠과 예사롭지 않은 첫 만남을 가진 새로운 유모는 에버레스트 부인이었습니다.

안녕하세요, 도련님?

아……

처칠의 집안은
매우 엄격한 분위기였지만
처칠은 유모의 말도 듣지 않는
말썽쟁이였습니다.

설마 여기까진
못 찾겠지?

흥! 시장에
가지 말란다고
못 갈 줄 알아?

이렇게 몰래
나오면 되지.
히히.

와, 사람 많다.

그러고 보니
점심을 못 먹었네.

꼬르륵

맛있겠다.

엄마!

엄마, 선물이에요.

어머, 정말 예쁘구나.

그래, 바로 저거야!

나도 엄마께 예쁜 꽃을 꺾어 드려야지.

도련님!

어디 갔다 왔어요?
얼마나 찾았는데요!

흥, 말 안 해!

어머나, 윈스턴!
지저분하게
옷이 그게 뭐니?

엄마 드리려고
제가 꺾어 왔어요.

고맙구나. 하지만 꽃은
정원에 많이 있으니까 다음부턴
지저분하게 밖에서 꺾어 오지
말아라.

아아
…….

아무도 날
사랑하지 않아!

도련님.

아직 어린앤데,
너무 가여워.

으 아 아 앙.

에버레스트 부인은 고집불통 말썽쟁이 처칠을
사랑으로 대해 주었습니다.
처칠은 늘 곁에서 보살펴 주는 유모에게
조금씩 마음을 열어 갔습니다.

윈스턴 처칠의 성공 열쇠

윈스턴 처칠은 가장 위대한 영국인으로 꼽힙니다.

2002년 영국의 공영 방송 BBC는 시청자 100만 명을 대상으로 영국 역사상 가장 위대한 영국인을 선정했습니다. 셰익스피어, 다윈, 뉴턴, 크롬웰 등 쟁쟁한 후보를 제치고 1위에 오른 이는 윈스턴 처칠이었어요. 가장 위대한 영국인으로 처칠을 뽑은 영국인들은 처칠의 위대한 점으로 리더십을 꼽았습니다.

처칠이 세상을 떠난 지 50년도 지났지만 그의 리더십은 오늘날 다시 주목받고 있습니다. 9·11 테러와 같은 국제적인 위기 상황을 겪은 후 세계의 지도자들이 처칠의 리더십에서 교훈을 얻었기 때문입니다. 위기가 닥쳤을 때는 그만큼 지도자의 역할이 중요해집니다. 세계적인 변화와 위기 속에서 지도자들은 처칠과 같은 리더십이 필요한 때라고 이야기하고 있습니다.

who? 지식사전

진화론을 세운 과학자 찰스 다윈

영국 역사상 위대한 영국인

영국 공영 방송 BBC는 200명의 후보를 두고 투표를 통해 가장 위대한 영국인 100인의 순위를 매겼습니다. 윈스턴 처칠이 1위를 차지했지만, 이외에도 영국에는 세계적으로도 훌륭한 업적을 남긴 이들이 많고, 우리에게도 익숙한 이름을 찾아볼 수 있습니다.

2위를 차지한 사람은 이점바드 킹덤 브루넬(1806~1859년)이라는 공학자입니다. 우리나라에서는 잘 알려지지 않았지만 19세기 영국에서 중요한 건축물을 만들어 냈지요. 또 진화론을 알리며 인간과 생명의 기원에 대한 과학적인 가설을 세운 찰스 다윈(1809~1882년)도 4위에 올랐답니다.

처칠은 작은 일도 세세하게 신경 쓰며 열정적으로 일한 것으로 유명합니다. 그는 비록 실패하더라도 최선을 다했습니다.

제1차 세계 대전 당시의 일입니다. 처칠은 전쟁이 벌어지고 있는 프랑스 전선에 함대를 투입하는 작전을 세웠는데, 그만 실패하고 말았습니다. 사람들은 처칠의 무모함을 비판했지만 그는 좌절하지 않았습니다. 더욱 열심히 일하면서 실패를 하더라도 변함없이 열정을 가지고 노력하는 모습을 보여 주었지요.

이후 제2차 세계 대전이 발발하자 처칠은 해군 본부에서 작전을 지휘하였습니다. 당시 처칠은 예순이 넘은 나이였는데도 매일 밤늦게까지 일했다고 합니다. 결국 처칠은 영국 함대를 당장이라도 독일과 맞설 수 있을 만큼 무장시켰고, 그의 열정에 해군은 물론 국민들도 큰 감동을 받았습니다.

프랑스 파리에 있는 처칠 동상. 동상 아래에 "우리는 절대 항복하지 않을 것이다."라는 글이 쓰여 있습니다.

5위는 역사적으로 가장 위대한 극작가라고도 알려진 윌리엄 셰익스피어 (1564~1616년)입니다. 그는 16세기 말에 활동하며 《로미오와 줄리엣》이나 《햄릿》과 같이 지금까지도 널리 읽히는 희곡을 써 낸 사람이에요. 영국인들은 셰익스피어를 두고 인도와도 바꾸지 않겠다고 할 만큼 그에 대한 자부심이 대단합니다.

영국 최초의 여성 수상인 마거릿 대처(1925~2013년) 역시 16위로 이름을 올렸습니다. 마거릿 대처는 강인한 신념으로 위기 상황 가운데 있던 영국을 이끌어 '철의 여인'으로 불리기도 했습니다.

가장 위대한 극작가로 알려진 윌리엄 셰익스피어

아이슬란드 해군을 방문한 처칠. 처칠은 위기 상황에서
자신감을 심어 주었습니다. © USMC Archives

둘 〈 자신감

처칠은 어떤 상황에서도 특유의 미소와 유머를 잃지 않았다고
합니다. 처칠의 여유 있고 확신에 찬 태도는 영국 국민들에게
신뢰를 주었고, 무엇이든 해낼 수 있다는 자신감을 심어
주었어요. 특히 그는 옥스퍼드 대학 졸업식에서 다음과
같은 연설로 강한 인상을 남겼습니다.
"포기하지 마라. 포기하지 마라. 절대로 포기하지 마라."
연설에서 말했듯이 그는 어떤 상황에서도 절대로
포기하지 않았습니다. 또한 자리에 앉아서 명령만
하는 것이 아니라 직접 나서서 행동하는 모습을 보여
주었지요.
전쟁이라는 위기 상황 속에서도 영국민들은 처칠의
자신감 있는 리더십에서 내일의 희망을 발견할 수
있었습니다.

처칠의 초상화 © cliff1066™

셋 〈 설득력

제2차 세계 대전 당시 영국의 상황은 어려웠어요. 독일은
압도적인 승리를 거두며 승승장구하고 있었고, 영국과
긴밀히 협조하던 프랑스마저 패배했습니다. 처칠은 영국의
수상으로서 이 모든 위기 상황을 돌파해야 했습니다.
영국이 독일과 전면적으로 싸워야 할 위험에 처하자
일부에서는 독일과 평화 협정을 해야 한다고 주장했습니다.
단호하게 싸울 것인가, 협정을 맺을 것인가를 두고 영국은
시끌시끌했습니다.
그러나 처칠은 단호하게 맞서기로 결정합니다.
"싸우다가 지면 다시 일어설 수 있지만, 스스로 무릎을 굽힌
나라는 소멸할 수밖에 없습니다!"
처칠이 열정적으로 설득하자 협정을 주장하던 사람들마저

감동했습니다. 이렇게 처칠은 상황에 맞는 말과 행동으로
모두의 힘을 하나로 모았습니다.

넷 > 위기 대처 능력

위기일수록 리더의 판단이 중요합니다. 영국이 위기에
빠졌을 때 처칠은 빠르게 상황을 판단해서 나라가 독일의
손에 들어가지 않을 수 있도록 했습니다. 결국 처칠은
미국의 협조를 얻어 냈고, 프랑스의 저항군을 지원하며
함께 힘을 합쳐 제2차 세계 대전 당시 유럽을 위기에서
구해 낼 수 있었습니다.

또 처칠은 위기 상황이 닥칠 때마다 국민들에게 진실을
전하려고 노력했습니다. 그는 국민들을 믿고 전쟁 중에
벌어지는 모든 상황을 솔직하게 알렸어요.

처칠의 이러한 태도는 제2차 세계 대전이라는
혼란스러운 상황 속에서 영국민들에게 위기를 헤쳐 나갈
수 있다는 용기를 주었습니다.

런던에 있는 처칠 전쟁 박물관 ⓒ Heather Cowper

who? 지식사전

영국 군대에 대해 알아볼까요?

영국 육군은 영국 영토의 방위를 책임지는 군사 기관으로 영국 육군의 최고 사령관은 영국
여왕입니다. 영국 공군은 RAF(Royal Air Force의 약자)라고도 합니다. 영국 본토와 영국령
해외 영토를 방어하는 역할을 수행하며, 제2차 세계 대전과 이라크 전쟁에 참전하였습니다.
특히 제2차 세계 대전에서 상대적으로 적었던 전투력으로도 독일 공군에 맞서 영국을 지킨
것으로 유명합니다.

영국 해군은 영국군 가운데 가장 오래된 군대입니다. 엘리자베스 1세(1533~1603년)
시대에 해군은 영국의 주된 군사력이었으며 대영 제국이 세계 전역으로 뻗어 나가는 발판이
되었습니다. 18~20세기에 영국은 세계에서 가장 강력한 해군을 보유하기도 했습니다.

영국 해군함

2 공부가 싫어!

바로……

그날 밤,

와아!

쾅! 하고 대포가 터졌지!

정말이에요?

할아버지, 정말 용감하세요!

아하하하!

전쟁 이야기에 푹 빠지셨군.

장군님이 적들을 향해 공격하라고 명령했어.

그래서 적을 모두 물리쳤어.

와, 정말 대단하군요!

그렇지? 전쟁 이야기는 정말 재미있어.

용감하게 나라를 지키다니 정말 멋져!

커서 훌륭한 군인이 되면 유모도 내가 지켜 줄게.

정말 영광이에요. 훌륭한 군인이 되려면 공부도 열심히 하셔야 해요. 가정 교사가 올 시간이네요.

가정 교사? 그게 누군데?

도련님에게 공부를 가르쳐 주실 분이랍니다.

뭐? 싫어!

싫어도 할 수 없어요. 공부도 잘해야 훌륭한 군인이 될 수 있어요.

난 공부 안 해도 군인이 될 수 있어!

도련님!

처칠은 공부하는 것을 무척이나 싫어했습니다.
가정 교사가 올 시간이면 늘 도망을 다니다가
유모에게 붙들려 억지로 공부해야 했습니다.

왜 공부 같은 걸
해야 한다는 거야?

여기 있으면
아무도 모르겠지?

여기에 숨어 있었군요.
이제 도망 못 가요.

아얏!

선생님께서 벌써
오랫동안 기다리셨어요.

싫어, 이거 놔!

어……그러,
그러나 버시, 벗이여,
그, 그대를 생각…….

상심.

모든 상? 성?

아, 상심!
상심은 없어지고
스, 슬픔도
사라진다.

휴.

책이야 자꾸 읽다 보면 늘겠지요.
그럼 이제 수학 문제를 풀어 볼까요?

힝.

윈스턴이
수업을 잘 따라가고
있습니까?

그게 저…….

윈스턴에게
무슨 문제
라도…….

아직 공부보다는
놀기를 더 좋아할 나이
아닙니까?

정확하게
말해 주세요.
윈스턴이 공부를
잘하나요?

글을 읽는 것이 많이
서툴고 덧셈이나 뺄셈도
잘 이해하지 못합니다.

공부에 재능이
없나 보군요.

학교에 보내면 좀
나아질 수도 있으니
지켜봅시다.

여덟 살이 되자 처칠은
엄격하고 보수적인
성 조지 예비 학교에
들어가게 되었습니다.

윈스턴,
네가 다닐 학교야.
훌륭한 분들이 다닌
곳이란다.

엄마, 나 집에 갈래요.
학교 가기 싫어요.

사람 많은 데서
창피하게 무슨 짓이니?
엄마를 실망시킬
셈이니?

아뇨.

엄마!
주말에 꼭 오셔야 해요!

쳇!

말을 더듬었다고
내가 바보야?

두고 봐!

두 번 다시
말더듬이라는 소리
못 하게 해 줄 테다!

처칠은 발음을 정확하게 내기 위해
거울을 보며 책을 또박또박 큰 소리로
읽었습니다.

이슬 젖은 아, 아침에 자, 작펼,
아니 작별하였는데.

장, 장밋빛, 빰, 빰의
아도니스는 사, 사냥에
나간다.

어, 벌써 시간이
이렇게 됐나?

땡
땡
땡

윈스턴!

벌써
가는 거야?

오늘
우리 집에서
놀기로 했는데
같이 가자.

미안, 너희끼리 놀아.

중얼중얼….

요즘
왜 저래?
무슨 일
있나?

그때 놀림
받은 후로
좀 달라진 거
같아.

하지만 이런 처칠의 노력에도 영어 외의 다른 과목 성적은 좋지 않았습니다.
성 조지 예비 학교는 성적에 따라 체벌을 하는 매우 엄격한 학교였습니다.

댄 팔로.

네.

윈스턴 처칠.

앞으로 나와!

도대체 라틴어 같은 건 왜 배워야 하는 거야?

왜 불렀는지 알지? 따라오너라.

한 문제당 한 대씩이다!

으윽!

휴…….

다음!

네가 바로 윈스턴 처칠이구나?

라틴어 성적이 이게 뭐냐? 아예 공부할 마음이 없는 거야?

훌륭한 아버지 얼굴에 먹칠을 해도 유분수지!

이런
지독한 녀석!

윽.

다음 시험 때
지켜보겠다!

괜찮아?

그냥 잘못했다고 빌었으면
덜 맞았을 거 아냐?

내가 왜?
라틴어 시험을
망친 건 내가
부족해서야.
부모님이 모욕당할
이유는 없어!

아냐……

도련님, 학교에서 무슨 일 있으셨어요?

손이 왜 이래요?

어머나!

세상에, 얼마나 아팠을까?

상처가 심해요. 우선 치료부터 해요.

으윽.

나 때문에
아버지가 모욕당했어.
정말 분해!

도련님 잘못이 아니에요.

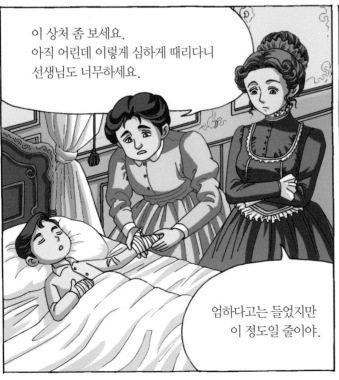

이 상처 좀 보세요.
아직 어린데 이렇게 심하게 때리다니
선생님도 너무하세요.

엄하다고는 들었지만
이 정도일 줄이야.

마님, 이러다간
도련님께서
병이 나실 거예요.
다른 학교로 옮기는 게
어떨까요?

다른 학교를
알아봐야겠어.

자유로운 분위기의 브라이튼 학교로 전학을 간 처칠은
즐겁게 지냈지만 여전히 성적은 좋지 않았습니다.

처칠의 성적 때문에 부모님은 걱정이 많았습니다.

옥스퍼드 대학에 가서 법률을 공부해
내 뒤를 잇기를 기대했는데……

휴, 정말 걱정이에요.
도무지 성적이 나아질 기미가
보이지 않아요.

윈스턴의 성적으론
무리일 것
같아요.

정말 저 아이 장래가
걱정이에요.

우리 가문에서는 대대로
훌륭한 인재만이
나왔는데!

브라이튼을 졸업한 처칠은 부모님의 뜻에 따라 명문인 해로 학교에 들어가기 위해 시험을 치러야 했습니다.

하나도 모르겠어.

다들 열심이잖아.

라틴어가 결국 내 발목을 잡는구나.

백지를 내다니 누구 시험지지?

윈스턴 처칠이라? 재무 장관 랜돌프 처칠의 아들 아닌가?

장관의 아들이
의외군.

흠, 다른 과목은
괜찮은데
라틴어와 수학이
문제군.

흠.

교장 선생님의 배려로
처칠은 해로 학교에
입학할 수 있었습니다.
주변 사람들은 재무 장관의
아들이었던 처칠에 대한
기대감이 높았습니다.

쟤야, 쟤.

정말?
쟤가 재무 장관 아들이야?

맞아.

그런데 머리는 아주 돌인가 봐. 심지어 말도 더, 더, 더듬는데. 큭큭.

거기다 입학 시험에서 라틴어 과목은 빵점이라던데?

뭐? 그 실력으로 어떻게 명문인 우리 학교에 입학한 거야?

그야 재무 장관의 아들이라는 꼬리표 때문이겠지.

쳇! 어쩌다가 명문 해로 학교가 이렇게 수준이 낮아지게 된 거람?

나쁜 녀석들!

놔둬. 맘껏 떠들라고 그래.

넌 화도 안 나?

당연히 화 나. 하지만 두고 봐. 앞으로 실력으로 보여 줄 거야.

어휴,
제발 라틴어에
신경 좀 써라.

라틴어는 너무 따분해.
하지만 좋아하는 과목에선
최선을 다한다고.
그럼 된 거 아니야?

정확한 발음을 내기 위한
처칠의 노력은 해로 학교에서도
계속되었습니다.

일이 너무 많아
시간 가는 줄 몰랐군.

이 늦은 시간에
누구지?

죽음은
달아나는 사람조차
놓아 두지 않는다.

윈스턴, 이 시간까지
뭐 하고 있느냐?
밤이 늦었다.

아버지,
오셨어요?
조금만 더 하다
잘 게요.

포기할 줄 모르는 처칠의 인내와 끈기는
결국 빛을 발했습니다.

다음은 윈스턴 처칠 군이
고대 로마의 노래를
암송하겠습니다.

킥킥.
볼만할 거야.

더듬더듬
이상한 발음으로 말하면
진짜 웃기겠지.

조······.

조국을 위해 죽는 것은
달콤하고 영광스럽다.

죽음은
달아나는
사람조차
쫓아가고,

아니?

연습 좀 했나 보군.
하지만 첫 부분이라
그런 걸 거야.

맞아.
이제 재미있어질 거야.
신나게 비웃어 주자고!

얼빠진 젊은이의 무릎과 겁에 질린 등에 인정을 베풀지 않는다.

뭐야? 왜 안 더듬지?

믿을 수가 없어! 완벽한 발음이야.

잘하는군.

그러네요.

설마 저 긴 시를 다 외우는 건 아니겠지?

하지만 얼마 안 남았어. 이제 끝부분이야.

작가이자 연설가였던 처칠

처칠은 정치가로 알려져 있지만, 많은 기사와 에세이, 소설, 회고록, 역사서 등을 집필한 뛰어난 작가이기도 했습니다. 그는 1953년 자신의 저서 《제2차 세계 대전》으로 노벨 문학상을 수상했습니다. 노벨 문학상은 문학 분야에 큰 공헌을 한 사람에게 주는 상으로 처칠과 같이 후보에 오른 작가 중에는 헤밍웨이도 있었습니다.

그렇다면 처칠은 언제부터 이런 재능을 보인 것일까요? 처칠은 어린 시절 공부를 잘하지 못했습니다. 수학과 라틴어 등 자신이 관심 없는 과목은 아예 무시했지요. 이런 모습에 선생님과 부모님은 걱정이 많았습니다.

하지만 처칠은 영어를 좋아했어요. 친구들이 라틴어를 공부할 때 처칠은 영어의 문법을 열심히 공부했습니다. 덕분에 처칠은 올바른 영어를 사용할 줄 알게 되었고, 책을 쓸 때와 연설할 때 많은 도움을 받을 수 있었어요.

노르웨이 오슬로에 있는 노벨상 센터

who? 지식사전

노벨상을 만든 알프레드 노벨

노벨 문학상

노벨상은 스웨덴의 과학자 알프레드 노벨의 유언에 따라 1901년부터 시작되었습니다. 노벨상은 물리학, 화학, 생리 · 의학, 문학, 경제학, 평화 6개 부문으로 이루어졌으며, 국적 및 성별에 관계없이 그 부문에서 뚜렷한 공로를 세운 사람에게 매년 수여되고 있어요. 그중에서도 노벨 문학상은 특정 작품에 수여하는 것이 아니기 때문에, 작가가 집필한 다양한 작품이 평가 대상입니다. 글솜씨는 물론이고, 작품이 세계사와 문학사에서 갖는 위치가 어떠한지도 매우 중요합니다. 전문적인 문학 작가가 아니었던 처칠이 노벨 문학상을 수상한 일은 나름대로 파격적인 사건이었어요. 2016년에도 이와 비슷한 일이 있었는데, 밥 딜런이라는 유명한 미국 가수가 쟁쟁한 작가들을 제치고 노벨 문학상을 수상하게 된 것이지요. 그는 참신하고 시적인 가사를 써 온 공로를 인정받아 가수로서는 처음으로 노벨 문학상을 받았습니다.

하나 ## 종군 기자 활동

1898년 영국은 수단을 정복하기 위해 옴두르만 전투를
벌였습니다. 처칠은 기병 연대에 배속되었고,
〈모닝포스트〉에 기사를 기고했어요. 이 전투를 통해
처칠은 전쟁에서 너무나 쉽게 사람들이 죽는다는 사실에
큰 충격을 받습니다. 그래서 영국의 비인간적인 처우를
비판하고 영국군에 용감히 맞선 회교도들을 옹호하기도
했습니다.
1899년 영국과 남아프리카 보어 공화국 간에 전쟁이
일어나자 처칠은 무장한 군인들과 함께 다시 남아프리카로
떠났습니다. 당시 종군 기자였던 처칠은 위험한
전쟁터에서 전쟁 현장에 뛰어들어 현장 상황을 보도하는
일을 했습니다. 전쟁의 현장을 생생하게 보도한 처칠의
기사는 사람들에게 인기를 얻었어요.

영국 보어 전쟁 당시 요새

또 이때 종군 기자로서 갈고 닦은 실력은 처칠이 정치가가
되었을 때 유창한 말솜씨로 사람들을 설득하고, 훌륭한 글을
쓰는 데 큰 도움이 되었답니다.

둘 ## 뛰어난 연설 능력

1900년, 처칠은 아버지가 몸담았던 보수당의 하원 의원이
되었습니다. 그리고 1901년 의회에서 첫 연설을 했어요.
연설에서 처칠은 남아프리카에서 영국군이 보어인에게
행한 잔혹한 행위에 대한 자신의 생각을 밝혔습니다.
그것은 보수당과는 완전히 다른 의견이었지요. 처칠의
연설에 보수당 의원들의 표정은 점점 안 좋아졌고,
급기야 모두 나가버리고 말았습니다. 그러나 처칠은 텅
빈 회의장에 남아 끝까지 연설했습니다. 이렇듯 처칠은
자신의 신념에 따라 연설한 것으로 유명하며, 그의 연설문은

처칠이 정치 생활을 시작한 보수당의 당수로
2010~2016년 영국 수상을 지낸 데이비드 캐머런

아직도 많은 사람들에게 읽혀지고 있습니다.

사실 처칠은 어린 시절 말을 더듬었지만, 끈질긴 노력으로 말 더듬는 버릇을 고쳐 나갔습니다. 하지만 군에 입대할 때까지 약간의 문제가 남아 있었는데, 바로 's'로 시작하는 단어를 제대로 발음할 수 없었던 것이에요. 열심히 노력했지만 처칠은 결국 's'를 완벽하게 발음하지 못했습니다. 다행히 사람들은 이러한 처칠의 발음을 오히려 그만의 독특한 특징으로 여겼어요.

처칠은 연설의 힘을 알고 있는 정치인이었습니다. 처칠은 늘 청중이 이해할 수 있는 수준으로 직설적이고 간결하게 연설했어요. 또 간간이 유머를 사용하여 우회적인 방법으로 자신의 의견을 전달했습니다. 처칠은 연설을 하기 전에 많은 연습을 한 것으로 알려져 있어요. 친구나 가족들 앞에서 연습하거나 산책 중에도 혼자 연습하며 연설문을 암기했지요. 이렇게 처칠은 뛰어난 연설가가 되기 위해 끊임없이 연구하고, 또 연습했습니다.

처칠은 뛰어난 연설 능력을 통해 많은 사람에게 자신의 생각을 전했습니다.

1941년, 제2차 세계 대전 당시 신문에 난 처칠 관련 기사

셋   전쟁 중 런던을 지킨 명연설

처칠은 이와 같이 끈질긴 노력을 통해 전 세계적으로도 유명한 연설을 남겼습니다. 특히 언제 독일군이 습격해 올지 모르는 두려운 상황에서 그는 국민에게 용기를 불어 넣을 수 있었어요. 처칠이 수상이 된 지 몇 달도 되지 않았을 때 독일군이 런던을 습격하여 도시가 파괴되고 셀 수 없이 많은 사람이 죽거나 다쳤습니다. 이후로도 독일군의 공습은 계속되었지요. 전쟁과는 아무 상관도 없는 시민들은 늘 언제 죽을지 모른다는 두려움에 떨어야 했습니다.

이때 처칠은 연설을 통해 영국의 전투력이 현재 부족하다는 것을 알리고, 앞으로도 큰 희생이 계속될

것이라는 점을 냉정하게 이야기했습니다. 하지만 역사적으로
영국이 외세에 큰 위협에 맞서 이겼던 경험을 들어 국민들의
용기를 북돋았어요. 결국 영국인들은 독일에 끝까지
저항하며 연합군의 든든한 기반이 되었고, 제2차 세계
대전을 승리로 이끌 수 있었습니다.

원스턴 처칠이 태어난 블레넘 궁전.
원스턴 처칠의 조상인 존 처칠이 전쟁에서 큰 공을 세워
영국 여왕이 지어 준 궁전입니다.

넷 　노벨 문학상 수상

처칠은 1945년 이후 책 집필에 몰두했습니다. 그리고
제1, 2차 세계 대전을 겪은 경험을 살려 1953년 6권
분량의 《제2차 세계 대전》을 완성했어요.
이 책이 다소 편파적인 시각에서 쓰여졌으며
지루하다는 평도 있습니다. 처칠이 노벨 문학상
후보가 되었을 때 일부에선 노벨 문학상의 취지와 맞지
않는다고 반발하기도 했습니다. 하지만 처칠만큼 제2차 세계
대전에 대해 잘 아는 사람은 없다고 할 만큼 전쟁에서 쌓은
생생한 경험이 잘 녹아 있는 작품입니다.
《제2차 세계 대전》은 문학성보다는 역사성이 더 뛰어나다고
볼 수 있는 작품이지만 그 가치를 인정받아 1953년 노벨
문학상을 수상했습니다. 오늘날에도 《제2차 세계 대전》은
많은 사람들에게 읽히고 있습니다.
처칠은 바쁜 정치 생활 중에도 책을 20여 권이나 쓴 것으로
유명합니다. 《제2차 세계 대전》 이외에도 아버지의 인생에
대해 정리한 《랜돌프 처칠 경》이나 역사를 다룬 《영어
사용민의 역사》를 내는 등 평생 열정적인 집필 활동을
펼쳤으며, 정치가뿐 아니라 작가로서도 명성을 떨쳤습니다.

《제2차 세계 대전》을
읽으면 처칠이 분석한 전쟁의
원인과 배경, 전쟁의 전개
과정을 알 수 있어.

3 장난감 병정으로 키운 꿈

오호라,
그런 작전이란
말이지?

끙,
무슨 생각이야?

이 지형을 이용해서
기습 공격을 하면······.

공격이다!
전진하라!

앗, 갑자기
이러는 게
어디 있어?

잘 봐 둬. 이런 게
바로 전략이라고.

치사해!

쯧, 또 전쟁
놀이인가?

오, 괜찮은 전략인데?

보급 부대나
*보병들의 위치도 적절해.
윈스턴에게 이런 면도
있었나?

보병: 육군의 주력이 되어 적을 공격하는 군인

빠져나갈 곳이 없잖아!

패배를 인정하는 거냐?

훌륭한 전략이군!

윈스턴, 재미있니?

엇, 아버지! 보고 계셨어요?

윈스턴, 나중에 뭘 하고 싶으냐?

아, 아버지가 나한테 관심을 보이고 계셔!

왜 묻는 말에 바로 대답을 못해?

특, 특별히 잘하는 건 없지만 군인이 되면 어떨까 해요.

군인이라, 어차피 대학에 갈 성적은 안 되니 나쁘진 않지.

병사들을 직접 지휘하고 싶어요.

목숨을 걸고 나라를 지킨다니 정말 멋져요.

군인은 네가 생각하는 것처럼 좋기만 한 건 아니란다. 힘든 일도 많아.

아버지, 전 견딜 수 있어요!

내 뒤를 이어 정치가가 되면 좋겠는데…….

정치가가 되려면 성적이 좋아야 하는데 전 성적이…….

알긴 아는구나.

네, 아버지.

쉽진 않겠지만 육군 사관 학교에 들어가면 네 꿈을 펼칠 수 있을 게다.

정말요? 저 열심히 해 볼게요!

처칠은 명문인 샌드허스트 육군 사관 학교에 들어가기 위해 그 어느 때보다도 열심히 공부했습니다.

형, 방학인데도 공부하는 거야?

육군 사관 학교에 입학하려면 잠자는 시간도 아껴서 공부해야 해.

시험이 얼마 안 남았는데 자신은 있어?

내가 한번 하겠다고 마음먹어서 못 한 것은 없어. 꼭 합격할 거야!

맞아. 형은 잘 해낼 거야!

처칠은 다시 마음을 다잡고
시험 공부에 전념했습니다.

처칠은 다시 시험에 응시했지만 결과는 불합격이었습니다.

또 떨어지다니!

그렇게 열심히 했는데도 난 안 되는 걸까?

윈스턴, 시험은 어떻게 됐니?

……

이번에도 떨어졌나 봐요.

이러다간 군인이 못 되는 거 아닌가 모르겠소.

애가 얼마나 상심이 크겠어요? 제가 가서 이야기해 볼게요.

아버진 매일
일하느라 바쁘시고
어머닌 매일 파티
쫓아다니느라
바쁘셨잖아요?

새삼스럽게
왜 이러세요?
제가 알아서 할 테니
관심 끄세요!

윈스턴!

멍청한 놈!
그깟 시험 좀 떨어졌다고
이러는 게냐?

말썽을 피우고
성적이 나빠도
지켜보기만 한 건
널 믿어서였다.
결심한 건
무슨 일이 있어도
포기하지 않는단 걸
알고 있기 때문이야.

그런데 지금
이게 무슨
꼴이냐?

이번에 실패했다고
다음에도 실패하란 법은 없다.
하지만 지금 포기하면
넌 성공할 수 있는 기회를
잃어버리겠지.
네가 포기하는 순간
넌 실패자로 남는 거야.

다시 도전할 용기가
생기거든 나와라!

탁..

으흐흑.

캉

아버지…….

전에는 몰랐어.
아버지가 날 믿고
계시다는 걸.
그런데 난 이게 뭐야?

아버지 말씀이
맞아. 난 포기를
모르는 윈스턴
처칠이야!
마지막으로
다시 한번
도전하는 거야.

처칠은 마지막이라 생각하고 다시 시험에 도전하기로 마음먹었습니다.

처칠은 시험을 준비하면서 시간이 날 때마다 하원 의회 방청석에 앉아 아버지의 연설을 듣곤 했습니다.

플린 의원 의견대로 그 법안은 통과시키면 안 되겠어.

하지만 반대편의 입장도 들어 봐야 하지 않겠나?

이번 법안은 반드시 통과되어야 합니다!

국민의 목소리를 들어 보십시오!

처칠 경의 연설은
정말 대단해!

짝 짝 짝

역시 아버지야.
의원들이 모두
아버지를
주목하고 있어.

처칠 경의 의견대로 그 법은
꼭 통과되어야 해.

역시 처칠 경 연설은
명쾌해.

이렇게 설득력 있는 연설은
누구도 쉽게 반박하지 못하지.

연설로 사람들의 마음을
움직이다니 아버지가 정말
자랑스러워!

나도 아버지처럼
나라에 공헌하는 일을
하고 싶어.

산업 혁명과 자유 무역

처칠은 처음에 보수당 의원으로 활동했지만 후에 자유당으로
당을 옮겼습니다. 자신이 몸담고 있던 보수당과 생각이
달랐기 때문이에요. 당시 처칠은 영국이 발전할 수 있었던
중요한 이유 중 하나가 자유 무역이라고 생각했기에 자유
무역을 지지했고, 보수당은 보호 무역을 지지했습니다.
자유 무역과 보호 무역은 처칠이 살던 시대만이 아니라
오늘날에도 국가적, 세계적으로 중요한 사안 중 하나입니다.
그렇다면 자유 무역이 어떻게 발전하게 되었는지, 자유
무역과 보호 무역은 어떤 차이가 있는지 살펴볼까요?

산업 혁명의 계기가 된 증기 기관 모형

하나 │ 산업 혁명

18세기 중엽부터 영국은 큰 변화를 겪게 됩니다. 농업 중심
사회였던 영국에 급속한 산업화가 진행된 것입니다. 영국의
산업화는 다른 나라보다 짧게는 30년, 길게는 100년 이상
빨라서 '산업 혁명'이라 불리게 되었습니다. 영국의 발전은

who? 지식사전

증기 기관

증기의 열에너지를 기계 동력으로 바꾸는 장치입니다. 증기 압력으로 움직이는 최초의 장치는 1세기 경 알렉산드리아의
헤론이 만들었으나 실제 사용되지는 않았습니다. 증기 기관이 실용적으로 사용되기 시작한 것은 산업 혁명 시기에
이르러서입니다.
증기 기관은 오랜 시간 발전을 거듭하며 산업 현장에서 활발하게 사용되었습니다. 1698년 영국의 토머스 세이버리는 증기를
응축시켜 발생하는 기압차를 이용한 증기 펌프를 만들었습니다. 1712년, 뉴커먼은 실린더 내에 증기를 넣어 증기로 피스톤을
상승시키거나 하강시키는 증기 기관을 만들었는데, 뉴커먼의 증기 기관은 탄광이나 공장 등에서 널리 사용되었습니다.
1765년 제임스 와트는 뉴커먼 증기 기관의 수리를 맡아 응축기와 실린더가 분리된 증기 기관을 발명하였습니다. 와트의
증기 기관은 열 효율에 있어서 전보다 훨씬 효과적이어서 이후에 증기 기관은 철도 운송에 쓰이게 되었습니다.

서구 여러 나라의 부러움을 샀고 이후 영국은 새로운 국가 형태의 모델이 되었답니다.

영국에서 산업 혁명이 일어난 이유는, 영국이 기업하기 좋은 환경을 갖추고 있었고, 과학적, 기술적으로도 크게 발전했기 때문입니다. 18세기 영국에는 면직물 산업이 크게 발전했는데, 존 케이가 플라잉 셔틀을 발명하면서 손으로 작업할 때보다 2배 이상 속도가 빨라졌기 때문이에요. 인간이 하던 일을 기계가 대신하기 시작하자 산업은 크게 발전할 수 있었습니다.

당시 산업화를 이끈 중요한 발명품이 있습니다. 바로 영국의 기계 제작자이자 발명가인 제임스 와트의 '증기 기관'입니다. 영국은 런던을 중심으로 철도망을 형성하고, 증기 기관차를 만들었어요. 당시엔 자동차가 발명되기 이전이어서 철도와 운하가 중요한 교통수단이었습니다. 그 덕에 각 지역의 물자와 사람들이 빠르게 이동할 수 있게 되었어요.

산업화는 영국민의 삶을 완전히 바꾸어 놓았습니다. 인구의 대다수가 농촌을 벗어나 도시로 이주했고, 기계의 힘을 빌리면서 물질 생산 능력이 획기적으로 높아졌어요. 그러나

증기 기관은 철도 기관차에 사용되어 교통에 있어서도 획기적인 발전을 가져왔습니다.

증기 기관 발명가, 제임스 와트

제임스 와트(1736~1819년)는 증기 기관을 개량한 스코틀랜드의 발명가이자 기술자입니다. 열여덟 살 때 어머니가 죽고 아버지의 건강이 악화되자 와트는 런던으로 가서 기계 제조업을 배웁니다. 글래스고 대학 내에서 일하던 와트는 뉴커먼 증기 기관의 수리를 맡았고, 기존의 증기 기관의 단점을 크게 개선한 새로운 증기 기관을 만들게 됩니다.

증기 기관은 증기의 열에너지를 기계 동력으로 바꾸는 일을 했는데 와트는 뉴커먼 증기 기관보다 석탄 소모량을 훨씬 줄이고 효율성은 매우 높였습니다. 와트의 개량된 증기 기관으로 대량 생산과 대량 운송이 가능하게 되었으며 이는 산업 혁명 시대를 여는 변화를 가져왔습니다.

제임스 와트는 기존의 증기 기관을 획기적으로 발전시켰습니다.

한편으로는 산업화로 인하여 노동 조건이 악화되고, 환경
문제가 새롭게 부각되기도 했습니다.

산업 혁명 이후 엄청난 식민지를 거느린 영국은 '세계의
공장'으로 불리며 질 좋은 물건을 대량으로 생산해 내기
시작했어요. 그리고 자국에서 생산된 물건들을 내다 팔기
위해 자유 무역 시대를 활짝 열었습니다.

영국의 경제학자 애덤 스미스의 동상

둘 ⟨ 자유 무역

산업 혁명으로 이전과는 다른 규모의 제품을 생산하고
큰 이익을 내게 되자, 달라진 경제 상황에 대한 이론이
필요했습니다. 이때 등장한 것이 영국의 경제학자 애덤
스미스(1723~1790)가 《국부론》을 통해 주장한 '보이지 않는
손'입니다.

그는 시장 스스로 균형을 잡을 수 있는 힘이 있으니,
국가가 경제 활동에 간섭하지 말라고 주장했어요. 이러한
애덤 스미스의 이론은 '자유방임주의'라고 불리며, 자유
무역주의의 기초가 되었습니다.

자유 무역은 국가가 수입과 수출에 제한을 두고 개입하지
않는 정책입니다. 처칠은 이러한 자유 무역이 영국 발전의
기틀이 되었다고 보았어요. 산업화로 생산량이 증대되면서 좀
더 자유롭게 다른 국가들과 무역을 하면서 영국의 입장에선
이득이 되었기 때문입니다.

19세기에 '세계의 공장'이라 불리며 생산량이 급증했던 영국은
국내 산업을 보호할 필요가 없었고 경쟁국도 없었기에 무역
활동을 통제하지 않는 자유 무역을 주장했습니다.

자유 무역은 생산량을 증대시키고, 관세와 규제 없이
자유로운 거래를 할 수 있다는 장점이 있는 반면, 무역 규모가
다른 나라들이 서로 거래할 때 강대국의 이익에만 이용될 수
있다는 단점이 있습니다.

애덤 스미스의 묘비 ⓒ Philip Brewer

셋

보호 무역

보호 무역은 자국의 산업을 보호하기 위해 국가가 무역에
개입하는 정책입니다. 수입품에 관세(수입하는 물품에
더해지는 세금)와 개별 소비세를 붙이거나 특별 품목의
수입을 제한하거나 금지하기도 합니다. 생산성이
낮은 경우 자유 무역으로 오히려 손해를 입을 수 있기
때문입니다.

19세기 독일의 경제학자 프리드리히 리스트(1789~
1846년)는 독일의 경제를 위해서는 보호 무역을
실시해야 한다고 주장했습니다. 그리고 자유 무역을
주장하는 영국을 이렇게 비판했습니다.

"사다리를 타고 정상에 오른 사람이 그 사다리를
걷어차 버리는 것은, 다른 이들이 뒤를 이어 정상에
오를 수 있는 수단을 빼앗아 버리는 행위로, 매우
교활한 방법이다."

당시 독일과 비슷한 사정이었던 미국도 자국의
산업을 보호하기 위해 높은 관세를 유지하는 보호
무역을 실시했습니다.

프리드리히 리스트는 보호 무역에 동조하여
《미국 경제학강요》를 썼습니다.

하지만 미국은 자국의 산업이 어느 정도 발전하자,
이번엔 자유 무역을 통해 값싼 물건을 수출하며 영국 경제에
타격을 입히기도 했습니다.

이러한 갈등은 현재 우리나라와 다른 나라의 무역에도
적용됩니다. 우리나라가 상대적으로 강점을 갖고 있는 자동차
관련 산업의 경우, 자유 무역을 통해 적은 관세로 다른 나라에
싼 값에 물건을 수출해서 더 많은 제품을 팔 수 있겠지요.
하지만 우리나라보다 농업 생산력이 큰 나라와 자유 무역을
한다면, 싼 값에 쌀이나 과일을 수입해야 하므로 국내 농업을
해칠 수도 있습니다.

자국의 산업을
보호하기 위해 국가가
관세를 높이거나
수입을 제한하는 것을
보호 무역이라 해.

4 전쟁의 한가운데

처칠은 포기하지 않고 노력해 결국 육군 사관 학교에 합격하였습니다.
기병 장교 후보생으로 생활을 시작한 처칠에게는 모든 수업이 흥미진진했습니다.

이렇게 언덕이 있는 곳을 지날 때는 충분히 주의를 기울여야 한다. 이런 지형은 적들이 매복하기 좋은 위치다.

여러분의 선택이 수많은 부하들의 목숨을 살릴 수도 있고 죽일 수도 있다.

공격 명령을 내려 주십시오.

아직 아냐.
좀 더 기다려.

됐어!

모두 공격하라!

탕
탕
탕
탕

생각만 해도
가슴이 두근거려!
우리 군의 피해를
최소화하고 적들을
제압하는 게 중요해.

처칠은 육군 사관 학교 생활을
훌륭하게 해냈습니다.
열심히 공부한 처칠은 우수한
성적으로 학교를 졸업할 수
있었습니다.

학업 우수자를
호명하겠습니다.

윌리엄 테일.

네!

윈스턴 처칠.

넷!

내가 학업 우수자로
상을 타다니!
아버지께서 얼마나
기뻐하실까?

처칠은 아버지를 기쁘게
해 드릴 소식을 안고
집으로 달려갔습니다.

어서 집으로 가자.
이랴!

하지만 처칠을 기다리고 있는 것은 죽음을 앞둔
아버지였습니다.

아버지!

윈스턴······.

아버지,
저 여기
있어요.

어머니와 동생을
잘 부탁한다.

네, 아버지 뜻대로 할게요.
제가 더 잘할게요.

이제야
아버지께
부끄럽지 않은
아들 노릇을
할 수 있게
되었는데.

윈스턴, 넌 한번도
날 실망시킨 적이 없었다.
넌 앞으로도 잘 해낼 거다.

아버지!

여보!

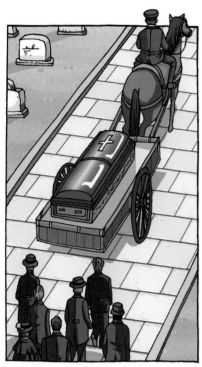

전 이제 누구의 등을 보고 살아야 할까요?

지금껏 아버지께 인정받기 위해서 노력해 왔는데…….

조금만 더 기다려 주시지 그러셨어요?

1895년 2월 제4 *경기병 연대 소위로 발령이 난 처칠은 아버지의 죽음을 슬퍼할 겨를도 없이 집을 떠나야 했습니다.

반드시 아버지가 자랑스러워할 수 있는 훌륭한 군인이 되겠습니다.

1896년 처칠이 배속된 훗사르 부대는 인도 파견을 명령받았습니다.
당시 인도는 대영 제국에 있어서 아주 중요한 식민지였기 때문에 군인들은 몇 년 동안 인도에서 근무해야 했습니다.

뭐야! 군인이 되기만 하면 당장 전쟁터로 나갈 줄 알았는데…….

군인이 실전 경험 한번 없다는 게 말이 돼?

전쟁터에 안 나가면 좋지 뭘 그래? 전쟁터에서 죽는 것보다 낫잖아.

만일 당장 전쟁이 일어나면 우리 군은 크게 패할 게 분명해. 군인이라면 직접 전투를 경험해야 해.

하여튼 별나다니까. 다른 사람들은 돈을 준다 해도 전쟁터로 가기 싫어하는데 오히려 전쟁터로 가고 싶어 하다니.

*경기병: 가볍게 무장을 하고 말을 탄 병사

실전을 경험할 수 있는 방법이 없을까? 인도로 떠나기 전에 경험을 쌓아야 해!

하지만 최근에 영국에서 전쟁이 일어난 적은 없었어.

전쟁 중인 다른 나라가 있잖아.

그러고 보니 쿠바에서 전쟁이 한창이라던데.

쿠바에서 일어난 전쟁은 영국과는 아무런 관련이 없었습니다. 하지만 무슨 수를 쓰더라도 쿠바로 가고 싶었던 처칠은 *종군 기자가 되어 전쟁터로 향했습니다.

형, 그게 정말이야? 쿠바로 간다고?

소식 한번 빠르다.

미쳤어? 지금 쿠바는 전쟁 중이야. 뭐하러 그 위험한 곳으로 간다는 거야?

*종군 기자: 군대를 따라 전쟁터에 나가 전투 상황을 보도하는 기자

내가 이래 봬도 장교인데 실전 경험 한번 없다는 게 말이 돼?

전쟁터에 나가 보지도 못한 장교의 명령을 누가 들으려고 하겠어?

그렇다고 위험한 전쟁터로 가겠다는 거야? 원래 장교들은 안전한 곳에서 지휘를 하는 거야.

아니, 내가 먼저 모범을 보여야 부하들이 나를 믿고 따를 수 있어. 그리고 이미 종군 기자로 가기로 계약했어.

죽을지도 몰라!

알고 있어. 하지만 누구도 내 결심을 꺾을 수는 없어.

고집불통!

쿠바 독립군은 밀림을 거점으로 하는 게릴라 전법으로
에스파냐군과 싸우고 있었습니다.

쿠바 독립군들은 밀림에 숨어 있다가
기습적으로 총을 쏘고 달아났기 때문에
언제 어디서 총알이 날아올지 알 수 없었습니다.

정말 오랜만에
마음 놓고 쉬어 보는군.

으아, 시원하다!
이게 얼마 만에 하는 목욕이야?

까마귀가
형님 하겠구먼.

하하하!

그나저나
좋은 기사 좀 썼나?

아직 실제 전투 상황을
겪어 보지 못해 그런지
좋은 기사가 안 써져.

하여튼 무모한 건지 용감한 건지. 경험도 좋지만 생명을 먼저 생각해야 하지 않겠나?

또 그 소린가? 내가 별난 거라 해 두지.

총을 들고 싸울 수 없는 종군 기자로 왔다는 게 아쉬울 뿐이야.

안 그래도 조만간에 기사를 쓸 일이 생길 거야.

적군이 근처에 있다는 건가?

확실치는 않지만 오늘 밤이나 내일 오전에 급습할 계획이라더군.

오늘 야영하는 곳은 안전 지대라고 하니까 푹 쉬게. 내일이면 쉬고 싶어도 못 쉴 테니.

정보 고맙네!

식사하세요!

마침 배고팠는데 잘됐군.

전쟁터에서는 이 시간이 제일 행복하다니까.

탕

피해!

탕

탕

저, 적인가?

쿠바인의 기습 공격일세.

탕

탕

탕 탕 탕 탕 탕 탕

적이다! 공격하라!

우린 아직 공격 준비가 안 됐잖아?

준비가 될 때까지 기다리면 늦어. 공격하지 않으면 목숨이 위험하다고!

자넨 안전한 곳에 숨어서 기다리게.

아, 알았네.

펵!

윽!

톰!

학교에선 이런 상황에 대해
배운 적이 없어.

으윽.

책과 실전은 달라.
전쟁은 비참하고
끔찍한 현실이야.

적을 죽이지 않으면
내가 죽는 곳.
그곳이 바로
전쟁터지.

이런 끔찍한 일에
귀중한 생명을
허무하게 버릴 만한
가치가 있나요?

우리는 무엇 때문에 하나뿐인 생명을 걸고 전쟁터로 나와 서로 죽여야 하나요?

답을 알면 자네가 나에게 좀 가르쳐 주게나.

저들이 왜 죽어야 하는지…….

매캐한 화약 냄새와 피비린내, 다친 병사들의 신음소리가 오랫동안 전쟁터의 하늘에 떠다녔습니다.

바로 이런 게 진짜 전쟁이었어.

전쟁터에서 무고한 생명의 희생을 막으려면
어떻게 해야 할까라는 의문은 처칠이 종군 기자 생활을 끝내고
1896년 인도로 출발할 때까지 계속되었습니다.

그러나 여전히 답은 알 수 없었습니다.
더 많은 지식을 알면 답이 보일 거란
생각에 처칠은 남는 시간을 모두
공부하는 데 사용했습니다.

책을 아무리 봐도
답답하긴
마찬가지군.

탁

하 하 하 하하

저들은 알고 있을까? 무엇 때문에 자기 목숨을 걸고 싸워야 하는지…….

옆에 있는 동료가 하루아침에 죽을 수도 있다는 것을 알고 있을까?

적을 죽여야만 내가 살 수 있는 이 현실에서 난 무엇을 할 수 있을까?

내가 할 수 있는 일이 있기는 할까?

처칠은 그 뒤로도 몇 번의 전투에 참가했지만 여전히 답은 알 수 없었습니다.

해가 지지 않는 나라, 영국

영국의 전성기를 이끈 빅토리아 여왕
(1819~1901년)

처칠이 살았던 19~20세기 영국은 '해가 지지 않는 나라'로
불릴 만큼 세력이 대단했습니다. 18세기 중엽에 일어난 산업
혁명 이후 영국은 세계에서 가장 부자 나라가 되었습니다.
농업 중심에서 공업 중심 사회로 급속하게 성장했기
때문이에요. 그 힘에 의지해 영국은 세계 최대의 제국을
건설하였답니다.

영국은 한때 세계 역사상 가장 넓은 영토를 차지했던
나라입니다. 전성기 영국의 영토는 세계의 1/4이나 되었지요.
오늘날 강대국이 된 미국도 한때 영국의 식민지였습니다.
영국이 이렇게 성장한 데에는 정치의 발전도 중요한
역할을 했습니다. 특히 19세기 영국의 정치는 많은 발전을
이루었습니다. 과거와 달리 정부에 대한 자유로운 비판이
허용되었고, 투표권이 확대되었지요.

그렇다면 산업 혁명을 기반으로 성장한 영국의 전성기는
어떠했는지, 또 현재 모습은 어떠한지 살펴볼까요?

who? 지식사전

19세기 영국이 지배했던 식민지 영토

전 세계 여러 곳에 식민지를 둔 영국은 한때 '해가 지지 않는 나라'라고 불리기도 했습니다.

하나 영국의 전성기를 이끈 빅토리아 여왕

빅토리아 여왕은 1837년부터 1901년까지 영국을 통치했어요.
빅토리아 여왕이 통치한 64년간은 영국의 전성기였습니다.
영국은 유럽, 아시아, 아프리카, 아메리카 등 세계 각지에
식민지 혹은 영국 연방 소속 국가를 거느렸습니다. 이
시기를 빅토리아 시대라 부릅니다. 빅토리아 여왕은 "왕은
군림하되 통치하지 않는다."는 원칙에 따라 정치를 의회에
맡기면서도 왕실의 권위를 세워 갔습니다.
빅토리아 여왕의 남편 앨버트 공은 빅토리아 여왕이
국민들로부터 사랑과 존경을 받는 지도자가 될 수 있도록
훌륭한 조력자 역할을 했습니다. 빅토리아 여왕은
영국에서 가장 사랑받은 군주들 가운데 하나였으며 그
이름은 런던에 있는 빅토리아 앨버트 미술관을 비롯한
영국과 영국의 식민지였던 나라들의 지명과 건물명으로
남아 있습니다.

젊은 시절의 빅토리아 여왕

둘 세포이 항쟁

영국의 식민지였던 인도에서 1857년, 세포이 항쟁이
일어났습니다. 세포이 항쟁은 영국 동인도회사의
인도인 용병들이 일으킨 반영 투쟁이에요. 영국
동인도회사의 용병을 세포이라 하는데 그들에 대한
차별과 박해에 대항해 항쟁을 일으켰습니다. 그러나
세포이 항쟁은 영국에 의해 진압되었고, 붙잡힌
세포이들은 무자비하게 처형되었습니다. 그 후 영국은
인도를 직접 통치하기 위해 1877년 빅토리아 여왕이
인도 황제로 즉위하여 영국령 인도 제국을 선포했어요.
그리고 인도 제국을 거점으로 아프가니스탄과 미얀마를
합병시킨 후 더욱 적극적으로 식민지 개척에 나섰습니다.

세포이 항쟁 당시의 모습을 그린 그림

간디의 '비폭력 불복종 운동'

영국의 가혹한 식민지 통치와 차별로 식민지 사람들의
어려움이 커지자, 점차 영국으로부터 독립하려는 움직임이
생겨납니다. 그중 인도에서는 정신적 지도자 '마하트마
간디'가 등장했어요.

간디는 열여덟 살에 영국으로 유학을 떠나 변호사가
되었어요. 그 후 아프리카로 건너가 인도인의 권리를
위해 투쟁하였습니다. 간디의 투쟁 방식은 철저히
비폭력적이었지요. 그리고 1914년 인도로 돌아온 간디는
인도의 독립 운동을 주도하였어요.

1914년 제1차 세계 대전이 일어나자 영국은 인도 독립을
조건으로 인도인을 전쟁에 참여시켰는데 전쟁이 끝난 후엔 이
약속을 무시했어요. 그리고 영장 없이 곧바로 체포할 수 있는
법안을 만들어 항의하는 인도인을 마구 잡아들였지요.

이에 간디는 '비폭력 불복종 운동'을 펼치면서 영국에
저항했어요. 간디는 "눈에는 눈, 이에는 이로 맞서는 것은
세계를 맹목적인 보복으로 이끌 뿐입니다."라고 했습니다.
식민 정부의 탄압에도 불구하고 간디를 따르는 사람들은
늘어났고 간디는 인도인의 독립 운동을 이끌었습니다.

인도의 민족지도자 간디 동상

who? 지식사전

간디는 평생 인도의 독립
과 인권 보호에 힘썼습니
다. 마하트마는 '위대한 영
혼'이라는 뜻입니다.

마하트마 간디

마하트마 간디(1869~1948년)는 1869년 인도에서 태어나 인도의 독립과 인권 보호에 힘썼던
인도의 정신적 지도자입니다.

1897년, 간디가 남아프리카 더반항에 도착했을 때의 일이에요. 간디는 백인들에게 박해받는
인도인들을 구하기 위해 그곳으로 갔어요. 그러나 백인들은 간디가 배에서 내리자 무자비하게
폭행했습니다. 이튿날 이 사건은 신문에 크게 실렸고, 남아프리카 정부는 간디를 폭행한 자들을
처벌하라는 명령을 내렸어요. 그때 간디는 이렇게 말했습니다.

"그들을 처벌한들 내게 무슨 이익이 있겠습니까? 나는 다만 그들이 진심으로 뉘우치길 바라고
있습니다."

넷 | 긴 통치에서 벗어난 아일랜드

아일랜드는 오랫동안 영국의 통치를 받았는데 19세기 후반, 영국으로부터 독립하기 위한 운동이 시작되었어요. 그러던 1916년 부활절에 봉기가 일어났습니다. 봉기는 얼마 못 가 영국에 의해 진압되었지만, 독립을 향한 의지는 더욱 강해졌고, 아일랜드는 다시 1919년부터 1921년까지 독립 운동을 펼쳤습니다. 영국은 바로 진압에 나섰지만, 아일랜드 독립군은 끈질기게 영국에 저항하였어요.

1922년, 마침내 아일랜드는 자유국이 되었습니다. 하지만 아일랜드의 자치권을 허용하는 대신 영국에 충성한다는 조건이 있었지요. 그리고 아일랜드는 남과 북으로 나뉘게 되었어요. 남 아일랜드는 영국으로부터 독립하려고 했지만, 북 아일랜드는 여전히 영국령으로 남고 싶어 했기 때문이에요. 남 아일랜드가 영국과의 관계를 완전히 끊고 '아일랜드 공화국'을 정식으로 선포한 것은 1949년입니다.

POBLACHT NA H EIREANN.
THE PROVISIONAL GOVERNMENT
OF THE
IRISH REPUBLIC
TO THE PEOPLE OF IRELAND.

1916년 부활절에 쓰여진 아일랜드의 독립 선언문. 영국의 통치를 받던 아일랜드는 19세기 후반부터 독립 운동을 시작했습니다.

다섯 | 영국 연방의 수장 엘리자베스 2세

세계 제2차 대전 전후로 영국의 많은 식민지가 독립하자, '해가 지지 않는 나라'라는 영국의 위상도 끝이 났습니다. 하지만 당시 공주의 신분이었던 엘리자베스 2세 여왕은 과거 식민지였던 나라를 돌아다니며 그들의 동맹을 이끌어 냈고, 전쟁 당시에는 직접 군인으로 참여하며 나라를 위해 힘쓰면서 국민들의 지지를 얻어 냈어요. 현재 영국을 다스리고 있는 엘리자베스 2세 여왕은 런던의 버킹엄 궁전에 살면서 특별히 정치에 관여하지 않고 영국의 상징적인 존재로 영국민의 존경을 받고 있어요.

엘리자베스 2세 여왕은 정치에 직접 관여하지 않지만 영국을 대표하는 존재로 여겨집니다.

5 위대한 탈출

처칠이 전쟁에 대한 고민에 답을 얻지
못하던 중에 보어 전쟁이 일어났습니다.
남아프리카에 살던 네덜란드인인
보어인과 영국인들이 이 땅을 서로
차지하기 위해 일으킨 전쟁이었습니다.

이번엔 전쟁에 대한
답을 얻을 수 있을까?

1899년 처칠은 영국에서 파견되는 군대와 함께 남아프리카로 가서
무장한 병사들과 열차를 타고 정찰에 나섰습니다.

이상 없군요!

좋아! 기차를 멈추고
사령부로 보고하라!

네!

열차를 움직여라! 아니, 공격해라!

네?

진정하십시오!
여기서 전투가 길어지면
전멸당할 겁니다!

그, 그럼
어떻게 합니까?

열차를 움직여서 탈출해야
합니다. 제가 탈선한 차량을
분리할 테니 병사들을
지휘하세요!

먼저 화물차를
떼어 내야 해!

출발해!

치
이
이
이

어서 열차에
올라타라!

이런!

저 다리 앞에서
잠시 멈춰 주시오!

네? 얼른
도망가지 않으면
언제 보어군이
쫓아올지 모릅니다.

남은 병사들을
구해야 합니다.
만일 너무 늦으면
그대로 출발하십시오.

네,
알겠습니다.

모두들 어디
있는 걸까?

꼼짝 마!

철 컥

설마!

엇!

난 신문 기자일 뿐 군인이 아니오!

민간인을 잡아 둘 수는 없소! 석방해 주시오!

총을 들고 싸웠으니 스스로 기자의 권리를 포기한 거다!

거기다 영국 귀족의 아들을 포로로 잡는 일은 아주 특별하거든.

누가 구해 주기만을 기다릴 순 없어. 탈출해야 해.

그래, 저거야.

얼마나 더 가야
하는 걸까?

화물 기차로군.
저기 숨어야겠다.

동이 트는구나.
낮에는 보초군 때문에
도망다닐 수 없어.

해가 질 때까지
숨어 있어야 해.

밤이 되었으니
움직여도 되겠지.

불빛이다!

다시 붙잡히더라도
일단 살고
봐야겠어.

운명은 하늘에
맡기는 수밖에!

아무도 없소?
도와주시오!

누구십니까?

난 영국인 종군 기자인데 보어인들에게 포로로 잡혔다가 간신히 탈출했습니다.

국경으로 가려 하는데 도와주십시오.

뭐요?

아, 감사합니다.

군인에게 들키면 당신이나 나나 총살형이오. 그나저나 당신은 운이 참 좋구려.

그게 무슨 말입니까?

당신에게 현상금이 걸렸소.

!

이 부근에서 당신을
신고하지 않을 사람은
나 한 사람뿐이오.
나도 영국인이오.

정말 하늘이
저를 도왔군요.

처칠이 포로수용소에서 탈출해
영국으로 오기 위해 애쓰는 동안
영국에서는 처칠의 탈출 소식이
대대적으로 보도되었습니다.

전쟁으로 침체되어 있던 영국 국민들은
처칠의 탈출 소식을 듣고 그의 행방을
주시하고 있었습니다.

*호외요,
호외!

종군 기자인 윈스턴 처칠이
프리토리아 수용소를
탈출했다고 합니다!

*호외: 특별한 일이 있을 때 임시로 발행하는 신문이나 잡지

윈스턴 처칠이
누구지?

참 용감한 사람이군!

부디 무사히 탈출해야
할 텐데……

아, 드디어 도착했어!

영국영사관

좀 도와주시오!
영사님을 만나고 싶소!

약속은 하셨습니까?
영사님은 아무나 만나실 수
없습니다.

그날 밤 처칠은 배를 타고 영국으로 돌아올 수 있었습니다.

아, 그리운 조국에 무사히 도착했구나.

저기 윈스턴 처칠이야!

처칠이 돌아왔다!

와 와 와

와 와 와

이게 무슨 일이야?

포로수용소에서 탈출한 처칠이 무사히 영국에 도착하자 사람들은 마치 영웅이 돌아온 것처럼 그를 환영했습니다.

와 와 와 와

영국 의회와 우리나라 국회

영국 의회의 탄생

영국은 왕이 존재하는 입헌 군주제와 의회 민주주의를 함께 채택한 나라입니다. 그러나 오늘날 왕실은 상징적인 존재이며, 실질적인 권력은 의회에 있어요. 영국은 의회를 통해 민주주의를 발전시킨 대표적인 나라입니다.

영국에서 의회라는 명칭이 처음 사용된 것은 13세기 무렵입니다. 당시 의회는 국민의 이익을 대변하고, 왕의 권력을 견제하기 위한 기구가 아니었어요. 전쟁 비용을 걷을 때처럼 왕의 필요에 의해 소집되는 기구였을 뿐이지요.

의회의 성격이 달라진 것은 17세기입니다. 당시 영국은 찰스 1세의 폭정으로 의회파와 왕당파가 크게 대립했어요. 결국 왕과 의회가 각각 군사를 동원해 내전을 벌였어요. 이를 '청교도 혁명'이라고 합니다. 이 일로 찰스 1세는 처형당했고, 의회의 힘이 크게 강해졌어요.

청교도 혁명을 이끈 크롬웰은 영국의 군주제를 폐지했습니다.

영국 의회 광장에 있는 크롬웰 동상. 올리버 크롬웰은 영국 청교도 혁명을 이끌었습니다.

who? 지식사전

의회 민주주의의 시작, 올리버 크롬웰

올리버 크롬웰(1599~1658년)은 1599년 잉글랜드 헌팅던에서 태어났습니다. 1640년 의회 의원으로 선출되었고 1642년 의회파와 왕당파의 내전이 시작되자 의회군에 가담했습니다. 내전 초기 왕당파 쪽에 유리했던 내전은 크롬웰의 지휘 아래 의회군 쪽으로 전세가 역전됩니다.

하지만 내전이 계속되자 의회파는 강경파와 온건파로 나뉘어 대립하게 되고 크롬웰은 군사 쿠데타를 일으켜 온건파 의원들을 내쫓습니다. 국왕 찰스 1세를 처형한 후 공화국을 선포한 크롬웰은 스스로 호국경에 취임하여 5년간 독재적으로 통치하다 1658년 사망합니다.

청교도 혁명으로 군주제를 폐지하고 공화국을 세운 올리버 크롬웰

그리고 죽을 때까지 호국경(1653~1659년에 존재한 영국 혁명 정권 당시 최고행정관)으로 영국을 다스렸어요. 하지만 그가 죽은 후에 찰스 2세가 왕으로 즉위했고, 영국은 다시 왕이 다스리는 나라가 되었어요.

17세기 이후 영국은 차츰 입헌 군주제의 모습을 갖추기 시작했습니다. 몇 차례의 개혁을 통해 '왕은 군림하되 통치하지 않는다.'라는 입헌 군주제의 원칙을 확립해 나갔고, 오늘날과 같은 민주적인 모습의 영국 의회가 탄생했어요.

찰스 1세(1600~1649년)의 조각상

둘 처칠의 의정 활동

처칠은 1900년, 영국 보수당의 하원 의원이 되었습니다. 그리고 4년 동안 보수당에서 활동했습니다. 하지만 자유 무역을 지지했던 처칠은 보수당의 보호 관세 정책에 찬성할 수 없었고, 1904년 자신의 신념에 따라 보수당을 떠나 자유당으로 옮겨 갑니다.

처칠은 자유당에서 식민 장관, 해군 장관, 통상 장관을 역임하며 열심히 활동했어요. 노인 연금, 건강보험, 실업자 구제 등의 제도가 도입된 것도 이 시기입니다. 그러나 쇠퇴하던 자유당이 노동 운동을 지지하자 처칠은 자유당의 변화를 받아들일 수 없어서 25년 만에 보수당으로 복귀하게 됩니다.

1924년 보수당의 수상이 된 처칠은 앞장서서 자유 무역을 주장하고, 제1차 세계 대전으로 어지러워진 영국을 보살폈습니다. 제2차 세계 대전에서는 영국을 비롯한 유럽을 구해 국민적인 영웅이 되었습니다. 처칠이 손가락으로 만든 승리의 'V(승리를 뜻하는 victory의 약자)'는 지금도 그의 상징으로 여겨집니다.

처칠의 상징이 된 승리의 'V'

셋 ## 영국 의회

영국 의회는 런던에 위치하고 있어요. 원래 웨스트민스터 궁전이었던 국회 의사당은 지금도 웨스트민스터 궁전으로 불리고 있어요. 영국 의회 의사당 내부는 단순한 구조로 되어 있습니다. 의장석을 마주 보고 양편에 여당과 야당이 각각 앉을 수 있는 의석이 놓여 있어요.

제2차 세계 대전 중에 국회 의사당이 파괴되어 복구 공사를 할 때 좀 더 넓은 회의장으로 바꾸자는 논의가 있었어요. 하지만 당시 수상이던 처칠이 반대했지요. 그래서 영국 국회 의사당은 영국의 번영과 굴곡의 역사를 그대로 간직한 모습이랍니다.

영국의 의회는 오랜 역사를 거쳐 '왕실, 상원, 하원'의 3개 축으로 권력이 분리되었습니다. 영국은 하원 의석수에 따라 우리나라의 대통령과 같은 역할을 하는 수상을 뽑는데 이를 '내각 책임제'라고 해요.

하원 의장은 영국 의회의 최고 직위입니다. 일단 선출되면 당에 관계없이 중립적인 입장에서 의회를 이끌어 나가야 합니다.

영국 의회는 여당과 야당이 서로 마주 본 상태에서 관행에 따라 엄격하게 회의를 진행합니다. 토의가 격렬해지면 의장이 나서서 질서를 유지시킵니다.

처칠 동상과 웨스트민스터 궁전

who? 지식사전

웨스트민스터 궁전

영국 국회 의사당

영국 국회 의사당은 원래 웨스트민스터 궁전이었습니다. 런던에 위치하고 있으며 약 1,000개가 넘는 방을 가진 복잡한 구조로 되어 있습니다. 1834년 큰 화재를 겪은 후 다시 세워졌으며 현재 건물은 건축가 찰스 배리와 아우구스트 웰비 노트모아 푸긴이 30년에 걸쳐 세운 것입니다.

넷 우리나라 국회

우리나라 국회의 역사는 1948년 남한에서 단독 총선거가
실시되고, 7월 17일 헌법이 공포되면서 시작되었습니다.
국회가 현재 여의도에 위치한 국회 의사당으로 옮겨진 것은
1975년의 일입니다.

국회는 법을 평가하고 만드는 기관이에요. 국회는 선거권을
가진 국민에 의해 선출된 대표들로 구성되며, 이들을 국회
의원이라 부릅니다. 국회에서는 국회 의원들이 모여 나라의
중요한 일을 논의한 뒤, 다수결의 원칙에 의해 국가의
정책들을 결정합니다.

투표하는 모습. 국회 의원은 선거를 통해 선출됩니다.

국회에서는 크게 입법, 재정, 일반 국정에 관한 일을
결정합니다. 입법에 관한 일은 헌법에 따라 헌법의
일부 조항을 수정하거나 법을 만들거나 고치는
것입니다. 재정에 관한 일은 국가 예산이 제대로 짜였는지
심의·의결하고, 국가의 수입과 지출을 심사하는 것입니다.
일반 국정에 관한 일 중 대표적인 것은 국정의 잘못된 부분을
적발하고 바로잡는 것이에요.

국회는 대통령과 국무총리가 헌법을 위반했을 때 탄핵할 수
있습니다. 이렇게 국회는 다른 국가 기관의 간섭을 받지 않는
자율권이 있으며, 헌법에 따라 일을 처리할 수 있습니다.

우리나라 국회 의사당

대한민국 국회 의사당 ©frakorea

우리나라의 국회 의사당은 만들어질 당시 지하 2층, 지상 6층 규모로
동양에서 제일 큰 국회 의사당으로 설계되었습니다. 국회 의사당 본관 앞에는
의원 회관, 국회 도서관, 헌정 기념관 등이 있습니다. 국회 의사당 건물은
장차 양원제가 채택될 경우와 통일이 될 경우를 대비해 확장이 가능하도록
설계되었습니다.

6 신념 있는 정치가

영국에 도착한 처칠은 영웅이 되었지만, 포로로 잡힌 동안 겪었던 끔찍한 경험을 잊을 수는 없었습니다.

꼼짝없이 죽는 줄 알았어!

악몽이 떠나질 않아. 전쟁터에서 다른 이들은 얼마나 더 끔찍한 고통을 겪고 있을까?

처칠은 기억 속에 묻어 두었던 아버지의 모습을 떠올렸습니다.

내가 해야 할 일은 무엇일까?

맞아! 전쟁을 결정하는 것은 나라에서 하는 일이야!

국회로 가자! 아버지의 뒤를 이어 정치가가 되는 거야!

처칠은 1899년 7월,
보어 전쟁이 일어나기 전에
선거에 나간 적이 있었습니다.
하지만 당시 처칠은 뚜렷한
목표 의식이 없이 출마해
선거에서 패했습니다.

자네, 어느 지역에서 출마할 생각인가?

올덤에서
시작하려 하네.

거긴 지난번에
출마했다가
낙선한
지역이
아닌가?
왜 하필
거긴가?

패배한 곳에서 승리한다면
얼마나 통쾌하겠는가?

어려운 도전일수록
성공했을 때 기쁨도
큰 걸세.

죽을 고비를
그렇게 넘기고도
자네의 도전 정신은
사라지지 않는군.

도전 정신이 없다면
윈스턴 처칠이 아니지!

다시 패배의 쓴 잔을 마실 수는 없어.
모든 노력을 기울여 선거에서 이겨야 해!

아버지가 보시던 연설문으로
연습해야겠어.

음.

우리는 이 땅에서
자유가 실현되기를!

엇!

깜짝 놀랐잖아! 뭐 하는 거야?

보다시피 연설 연습 중이잖아.

그런 건 나중에 서재에서 혼자 해!

우리가 진정 바라는 것은 자유뿐입니다!

음, 이 부분은 됐군.

그럼 이 부분부터 해야지.

처칠은 앞서 보어군의 포로로 잡혔다 탈출한 것으로 유명해져 있었습니다. 용기와 희망을 심어 준 행동으로 사람들에게 인기가 많았습니다.

잘 싸웠다!

용감한 처칠 만세!

처칠! 처칠!

제가 수용소에서 무사히 탈출할 수 있었던 건 큰 위험을 감수하고 저를 도와준 탄광의 지배인과 그 동료들 덕분이었습니다.

여기에 그 사람의 부인이 있소이다!

네? 그게 정말입니까?

부인의 남편 덕분에 제가 무사할 수 있었습니다.

정말 감사합니다!

와아, 처칠!

처칠은 처음 패배한 장소에 다시 도전해
결국 승리를 이루어 냈습니다.

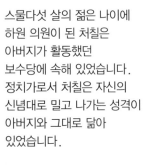

스물다섯 살의 젊은 나이에
하원 의원이 된 처칠은
아버지가 활동했던
보수당에 속해 있었습니다.
정치가로서 처칠은 자신의
신념대로 밀고 나가는 성격이
아버지와 그대로 닮아
있었습니다.

아버지가 다니셨던 이 길을
내가 뒤따르는구나.

처칠은 자신이 속한 당과 반대되는 의견이라도
옳다는 판단이 서면 망설임 없이 주장했습니다.

이번 보어 전쟁에서 벌어진 우리 영국군의 잔혹한 행위에 문제를 제기합니다.

아무리 전쟁 중이지만 어린아이와 여자까지 무참하게 학살할 이유는 어디에도 없습니다.

보수당 정부는 어째서 이런 일을 눈감아 준 것입니까?

흠.

제가 답변 드리겠습니다. 말씀하신 사안은 전투가 한창일 때 일어난 일입니다.

전쟁은 우리가 생각하는 것처럼 이상적이지 않습니다. 냉정해지지 않으면 전쟁터에서 살아남을 수 없습니다.

전쟁 중에 민간인을 희생시키는 일은 없어야 하지만 한 치 앞도 예상할 수 없는 전쟁터에서 가슴 아픈 피해자가 생기는 것은 어쩔 수 없는 일입니다.

옳소! 맞는 말이오.

와아

짝
짝
짝

하지만 정부도 알아야 할 게 있습니다.
여기서 전쟁이 더 이어진다면 고통과 위험도
더 늘어날 겁니다.

우리 정부는 지금보다 관대해져야 합니다.
더 이상 전쟁이 일어나지 않도록
보어인에게 공정한 권리와 자유를
줄 수 있는 방법을 마련해야 합니다.

처칠은 자신의 신념대로 의견을 말했습니다.
그 의견이 비록 자신이 속한 보수당을 비판하는 것이었음에도
처칠은 주장을 굽히지 않았습니다.

그러게 말입니다.
자유당을 편드는 발언을 하면
어쩌자는 건지…… 쯧쯧.

이래서 젊은 의원은 안 되는 거야.
앞뒤 생각 없이 자신의 생각만
밀어붙인다니까.

보수당 동료 의원들의 비난에도 처칠은
자신의 신념을 밀고 나갔습니다.

미안하지만
여기 자리 있소.

그렇군요.

이거 어쩌나, 여기도
임자가 있는데…….

자리를 잘못 찾아온 것 아니오?
자유당 쪽이 맞는 것
같습니다만.

무슨 소립니까?
난 보수당
소속입니다.

글쎄,
우리가 보기엔
자유당 소속
같아서요.

아버지가 속해 있었던 곳이었기에
보수당 소속으로 활동했지만
처칠은 새로운 변화에 도전하기보다
기존의 것들을 지키고 싶어 하는 보수당의
성격이 자신과 맞지 않는다고 느끼고
있었습니다. 그러던 중에 보수당이
보호 무역을 지지하자 처칠은 더 이상
참지 못했습니다.

보수당에서는 수입품에 높은 세금을 매겨
국내 산업을 보호해야 한다고 하지만
제 생각은 다릅니다. 영국이 이렇게
발전한 것은 모두 자유 무역 덕분입니다.

지금 저 사람이
뭐라는 건가?

완전히 정신이 나갔구먼.

수입품에 세금을 많이 매긴다면
경쟁을 통한 시장의 질서를 어지럽히게
됩니다. 영국이 자유로운 무역 활동을
시작해야 세계 각지에서 필요한 물건들이
자유롭게 오갈 수 있을 겁니다!

자유 무역을 주장하는 자유당이 있어 다행입니다.

자유당 의원들께 감사할 따름입니다.

처칠은 보수당 의원들이 모두 나가는 중에도 자신이 옳다는 것을 믿고 연설을 계속했습니다.

저따위 헛소리는 더 이상 들어 줄 필요가 없네! 가세나!

무슨 헛소리인가?

영국 정치 문화에서 한번 정한 당을 바꾸는 일은 거의 없었습니다. 하지만 처칠은 자신의 신념에 따라 보수당에서 자유당으로 자리를 옮겼습니다.

이제 결정할 때야.

잘 와 주었네!

짝

짝

짝

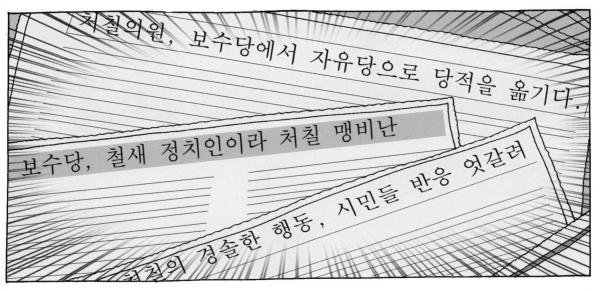

완전히 기회주의자 아닌가?

보수당의 세력이 약해지니까
약삭빠르게 자유당으로 옮겼더군!

저렇게 자신의 이익만 쫓는 사람이 어떻게 우리를 대표하는 의원이 될 수 있겠어?

다음 선거에 나오면 절대 뽑지 않을 거야.

동감일세.

아니!

내 행동이
이렇게 비춰지고
있단 말인가?

탁

어느 쪽이 맞는지는 결국 밝혀질 거야.
겉으로 보여지는 게 다는 아냐.
노력해서 결과로 보여 준다면
저들도 언젠가는 내 마음을
알아줄 거야.

이 무렵 처칠은 한평생을 같이할
아내 클레먼타인을 만났습니다.

저 아름다운 여인은 누구인가?

아, 클레먼타인 호지어 양이네.
올해 스물세 살이 되었지.

첫눈에 반했습니다!
클레먼타인!

어머나!

처칠은 자기 방식대로
밀고 나가 클레먼타인을
만난 지 얼마 되지 않아
결혼식을 올렸습니다.

가정을 꾸려 안정을 찾은 처칠은 2년 뒤
내무 장관으로 임명되어 독일을 방문했습니다.

뭔가 이상하지 않습니까?

뭐가 말입니까?

저 모습을 보세요.
마치 당장이라도
전쟁터로 향할 것
같은 분위기 아닙니까?

글쎄요?
난 잘 모르겠소.

저들이 전쟁을
준비하고
있다고
보십니까?

네, 분명합니다.
조만간 전쟁이
일어날 겁니다.

독일이 전쟁을 준비하고 있습니다.
우리도 그에 대비해야 합니다.

군에서는 아무런 낌새도 잡지 못했습니다.
내무 장관께서 그렇게 생각하시는
특별한 이유라도 있습니까?

이번에 독일에 방문했을
때 보니 군인들의 규율이
엄격히 잡혀 있었고
훈련이 아주 잘되어
있었습니다.

그건 단순히 내무 장관님의
추측이 아닙니까? 증거가 있습니까?

전쟁이 일어난 후에는 준비해도 늦습니다. 우리도 군대를 늘리고 새로운 무기를 만들어야 합니다.

가만히 있던 독일이 왜 갑자기 전쟁을 일으키겠습니까? 내무 장관께서는 괜한 걱정 마시고 장관의 일에만 전념해 주시기 바랍니다.

하지만…….

자자! 그만하시고 다른 안건에 대한 의견을 발표해 주십시오.

전쟁에 대비해야 한다는 처칠의 의견은 받아들여지지 않았습니다.
그러나 1911년 해군 장관이 된 처칠은 곧바로 전쟁에 대비해 여러 가지 준비를 서둘렀습니다.

병력을 증강하고 보급품을 늘려야 해.

이왕이면 최신 기술이 적용된 대포나 더 빠른 배를 갖추는 것도 좋겠지! 자, 내 명령대로 시행하게.

갑자기 웬 전쟁 준비람?

아 참! 오늘 들어온 전투기를 한번 봤으면 하는데 준비는 되었겠지? 전쟁 시에 필요한 무기들을 우리 영국에서 먼저 차지해야 해.

네.

저, 혹시 오늘 신문은 보셨습니까?

흥! 1면에다 나를 비난하는 기사를 실어 놨더군.

전쟁광 처칠! 처칠은 사퇴하라! 군대에서 뇌물을 받은 처칠!

아주 마음대로 썼더군.

괜찮으시겠습니까?

괜찮지
않으면?

지금처럼 평화로운 시기에
군대를 늘린다고 비난이
적지 않습니다.

마음껏 떠들라고 하게.
분명히 전쟁은 일어날 거야.
준비가 되어 있지 않으면
막강한 군사력을 지닌
독일에게 큰 피해를
당할 걸세!

그걸 뻔히 알면서 고작 이런
비난 때문에 나중에 더 큰 화를
당할 수는 없지 않겠나?

네!

처칠의 예상대로 1914년 8월
세계는 전쟁의 소용돌이 속에
휘말리고 말았습니다.

전쟁이
일어났습니다!

뭐? 정말인가?

네! 독일이 프랑스에 전쟁을 선포하고 벨기에를 공격했습니다.

결국 일어나고 말았군! 어서 군사를 준비시키게!

네!

전쟁이 일어나자 처칠은 해군 장관으로서 동원할 수 있는 군사의 규모를 파악하고 전략을 세워 독일군에 맞섰습니다.

피해를 최소화하고 승리해야 해. 그러기 위해선 최대한 완벽한 계획을 세워야 해.

현재 작전을 수행할 수 있는 육군 병사 규모가 어떻게 되나?

네! 7사단 정도 될 듯합니다.

해군 병력과 합쳐 현재 동원할 수 있는 총 병력의 규모를 알고 싶네.

한밤중에 웬 전화지?

때르릉

폴릭 대위!

넷.

때르릉

이 밤중에 무슨 전화예요?

네, 알겠습니다!

휴, 겨우 끝났군.

이대로 작전을 시행하게.

네, 장관님.

처칠은 1917년 군수 장관으로 임명되었고
영국을 지키기 위해 최선을 다했습니다.
1918년 11월 11일, 제1차 세계 대전은
많은 희생자를 남기고 영국이 속한 연합국의
승리로 막을 내렸습니다.

제1차 세계 대전, 비극의 시작

하나 제1차 세계 대전이 일어난 이유

20세기 당시 유럽은 무력으로 다른 나라를 점령하여 세력을 확장하고자 하는 제국주의가 팽창하던 시기였습니다. 영국과 프랑스는 이미 많은 식민지를 거느리고 있었습니다. 하지만 뒤늦게 통일을 이룬 독일은 식민지가 없었고, 오스트리아도 비슷한 상황이었습니다. 그래서 더 많은 영토를 차지하기 위해 전쟁을 일으킵니다.

그렇다면 왜 유럽은 제국주의의 물결에 휩싸였을까요? 여기엔 경제적, 정치적인 이유가 있어요. 먼저 경제적인 이유로 당시 유럽 사회는 산업화로 상품 생산량이 크게 증가하면서 남는 상품을 팔 곳이 필요해졌습니다. 또 공업이 발달하면서 석유, 고무 등의 새로운 원료와 유럽인의 입맛을 사로잡은 커피와 차 등을 안정적으로 공급받을 곳이 필요했지요.

정치적인 이유로는 유럽 강대국들 간의 힘 대결이 아시아와

식민지를 늘려나가는 영국의 제국주의를 꼬집은 만평. 무력으로 영토를 넓혀 세력을 확장하려는 것을 '제국주의'라고 합니다.

who? 지식사전

식민지

식민지란 어느 지역의 주권이 원주민에게서 다른 나라로 넘어간 지역을 뜻합니다. 근대의 식민지는 대항해 시대 이후에 본격적으로 시작되었습니다. 15세기 말 지리상으로 새로운 대륙을 발견한 이후 포르투갈과 에스파냐는 서아프리카와 남아메리카를 정복하여 식민지로 만들었습니다. 18세기 말 산업 혁명 이후에는 유럽의 여러 나라를 중심으로 식민지 확보 경쟁이 벌어졌습니다.

이렇게 침략에 의해 영토를 확장해 본국의 지배권을 넓혀 가는 정책을 제국주의라고 합니다. 제1차 세계 대전 전까지 아시아, 아프리카, 오세아니아 대륙의 대부분이 제국주의 국가들의 지배 아래 놓이게 되었습니다. 하지만 식민지들은 끊임없이 제국주의에 저항하였고 제2차 세계 대전 이후에 많은 식민지에서 독립 운동이 일어났습니다. 제2차 세계 대전이 끝난 후에는 대부분의 식민지가 국권을 회복하였습니다.

아프리카 지역의 영토를 차지하고 식민지를 건설하는 것으로
확대되었다는 것을 들 수 있습니다. 이러한 이유로 유럽
국가들은 식민지 경쟁에 뛰어들었습니다.

오스트리아-헝가리 제국의 황태자 프란츠
페르디난트

둘 제1차 세계 대전의 시작, 사라예보 사건

1914년 6월 28일, 오스트리아-헝가리 제국의 황위
계승자였던 프란츠 페르디난트와 그의 아내인 조피 호테크는
사라예보를 방문했습니다. 이때 세르비아의 비밀 결사
단원들은 오스트리아-헝가리 제국이 그 지역을 통치하는 것에
반발하여 황태자 부부를 암살했습니다.
이전부터 세르비아와 사이가 좋지 않았던 오스트리아-
헝가리 제국은 이 사건에 세르비아 정부가 관련되어 있다며
동맹국 독일의 지원을 요청하였고, 결국 7월 28일 세르비아에
선전 포고를 합니다. 끊임없이 갈등을 빚던 유럽의 여러
나라가 자국의 이익을 따져 편을 갈라서며 제1차 세계 대전이
시작되었습니다.

프란츠 페르디난트의 부인 조피 호테크

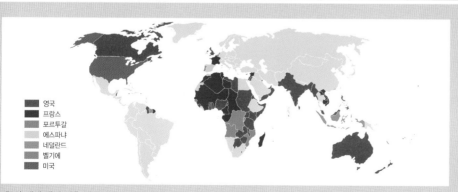

■	영국
■	프랑스
■	포르투갈
■	에스파냐
■	네덜란드
■	벨기에
■	미국

제2차 세계 대전 직후 세계열강의 식민지. 이 시기 많은 식민지가 독립하였고, 우리나라도 일본의 지배에서 벗어났습니다.

전쟁은 군인뿐 아니라 죄 없는 많은 민간인 사상자를 발생시켜요.

독일의 벨기에 침공을 알리는 신문의 머리기사. 독일은 중립을 선포한 벨기에를 침략하여서 프랑스와 영국을 위협했습니다.

셋 ▶ 전쟁의 진행

제1차 세계 대전은 동맹국과 연합국 양 진영으로 나뉘어 1914년부터 4년 4개월간 이어졌습니다. 동맹국은 독일, 오스트리아–헝가리 제국, 오스만투르크 제국이고, 연합국은 영국, 프랑스, 러시아였습니다. 이외에도 미국, 일본, 불가리아, 이탈리아 등 많은 국가들이 직간접적으로 참여했습니다.

동맹국에서 주도적인 역할을 한 국가는 독일이었습니다. 독일은 룩셈부르크 국경을 넘어 진격하여 가장 먼저 중립국인 벨기에를 침공하였고 프랑스에게 중립을 선언할 것을 요구합니다. 프랑스가 반발하자 독일은 선전 포고를 했습니다.

영국은 독일에 강경하게 맞섰습니다. 영국은 독일이 벨기에를 침공했을 때 철수를 요구했고, 독일이 거부하자 프랑스와 함께 즉각 전쟁에 돌입했어요.

영국과 동맹을 맺은 일본이 독일의 식민지를 빼앗자 이에 독일은 군수 물자를 조달하는 영국 상선을 파괴하였는데, 그때 배에 타고 있던 많은 미국인이 죽었습니다. 이 사건으로 미국은 연합국으로 참전하게 됩니다.

1917년, 미국이 전쟁에 참여하며 영국을 중심으로 한 연합국은 맹공을 펼칩니다. 전쟁이 장기화되면서 연합국에 가담한 국가는 30여 개 국가에 이르렀고, 동맹국은 점점 불리해졌어요. 1918년 중순에 이르렀을 때 동맹국들은 무너지기 시작했습니다. 1918년 11월 11일, 완전히 무너진 독일은 연합국에 항복했습니다.

넷 〉 전쟁의 결과

제1차 세계 대전이 남긴 피해는 컸습니다. 군인 약 900만 명이
전사하였고, 민간인 사상자도 많았지요. 죄 없는 민간인의
죽음은 누가 보상해 줄 수 있을까요? 뿐만 아니라 무기를
만들고 군대를 지원하는 일에 많은 돈을 썼기 때문에
금전적인 손실도 상당했습니다.

1919년 6월 28일, 연합국과 독일은 베르사유 조약을
체결했습니다. 베르사유 조약으로 인해 독일은 식민지를
모두 잃고, 무거운 배상금을 내게 되었습니다.
동맹국인 오스만투르크 제국과 오스트리아-헝가리
제국도 각각 조약을 맺고 영토의 일부를 빼앗겼습니다.
오스만투르크 제국은 1922년 해체되었고, 오늘날의
터키로 바뀌었어요.

전쟁 이후 영국과 프랑스는 패전국의 식민지 일부를
차지하였고, 많은 동유럽 국가들이 독립하였어요. 이러한
상황에 힘입어 당시 일제 치하에 있던 우리나라에서도 독립을
위해 3·1 운동이 일어났습니다.

연합국과 독일이 프랑스 베르사유 궁전에서 맺은 조약
내용이 적혀 있는 기념비

who? 지식사전

민족 자결주의

제1차 세계 대전은 독일을 중심으로 한 동맹국의 패배로 끝났고 승전국들은 전후 처리를
위해 평화 회의를 열었습니다. 영국, 프랑스, 미국을 중심으로 한 승전국 대표들은 파리에
모여 평화 회의를 열고 미국 윌슨 대통령의 〈14개조〉를 수용했습니다. 〈14개조〉의 내용을
살펴보면 식민지의 독립 및 복귀와 관련된 내용이 대부분으로 '민족 자결주의'를 강조하고
있습니다.

'민족 자결주의'란 모든 민족은 다른 국가의 간섭이나 제약 없이 스스로의 뜻에 따라 국가를
형성하고 선택할 권리를 갖는다는 사상입니다. 윌슨 미국 대통령의 민족 자결주의는
당시 강대국의 지배를 받던 식민지들에 큰 희망을 주었습니다. 특히 1919년 일제 치하
우리나라에서 일어난 3·1 운동에도 영향을 주었답니다.

토머스 우드로 윌슨
(1856~1924년)
미국의 제28대 대통령

7 전쟁 속 위대한 지도자

제1차 세계 대전이 남긴 후유증은 무척 심각했습니다. 전쟁의 모든 책임을 지게 된 패전국 독일 국민들은 힘겨운 삶을 살아야 했습니다. 처칠은 분열해 가는 자유당을 떠나 보수당에 복귀한 상황이었습니다.

여기 돈이 있소. 내게 물건을 파시오!

오늘 팔 물건은 이게 다입니다.

내가 먼저요!

물건값은 두 배를 내야 합니다.

두 배라니! 하루아침에 물건값이 두 배로 오르는 경우가 어디 있소?

만들어진 물건은 전쟁의 빚을 갚기 위해 모두 수출하고 있습니다. 그나마 이것도 없어서 팔지 못하고 있습니다.

전쟁에 패한 대가가 이렇게 고통스럽다니.

열심히 일을 하면 뭐하나. 생활은 힘겹고 아무런 희망도 없는데…….

독일 국민들은 힘겨운 삶 속에서 점점 희망을 잃어 갔습니다. 이런 시기에 나치스의 지도자 히틀러가 독일의 수상이 되었습니다.

이대로 간다면 우리 독일은 더 이상 희망이 없습니다. 힘겹게 일을 해도 더 이상 생활은 나아지지 않습니다!

독일이 살기 위해서는 흩어져 있는 독일 민족을 통일해야 합니다. 그러기 위해선 전쟁도 불사해야 합니다!

우수한 독일 민족은 세계의 주인이 될 수 있습니다! 여러분, 다시 힘을 모아야 할 때입니다!

히틀러! 히틀러!

와아아아!

아니!

히틀러가 독일의
수상이 되다니!

쾅

왜 그래요?

안 그래도 전 세계가 군대의 규모를
줄여 가고 있는 때에 독일은 오히려
군대를 늘려서 의심스러웠는데!

당장 의회에
가 봐야겠소.

많은 국민들이 군대를
줄이길 원합니다.

전쟁은 이제 끝났습니다.
전쟁의 상처를 하루라도 빨리
회복하기 위해서는 젊은이들을 다시
가족들에게 돌려보내야 합니다!

저는 반대합니다.
다시 전쟁이 일어나지
않을 거라고 어떻게
장담합니까?

벌
떡

*베르사유 조약으로 독일은
치욕과 고통의 나날을
보내고 있습니다.
분명 힘을 길러 다시 전쟁을
일으킬 겁니다.

그들은 지금 하루하루
살아가는 것도 힘겨워
합니다. 더 이상 전쟁을
일으킬 힘이 없습니다!

하지만
야망으로 가득 찬
히틀러가 수상이 되었습니다.
그는 분명 전쟁을 일으킬
것입니다!

*베르사유 조약: 제1차 세계 대전의 전후 처리를 위해 연합국과 독일이 맺은 평화 조약

도대체 당신이 말하는 전쟁은 언제 일어나는 거요?

몇 년 전부터 전쟁을 대비해야 한다고 하더니만 아직까지 세계는 평화롭지 않소?

지금 이 시간에도 독일은 은밀하게 전쟁 준비를 하고 있습니다.

히틀러의 야욕이 보이지 않습니까?

말도 안 되는 소리! 전쟁이 일어나기를 바라는 거요?

영국 국민들은 더 이상 전쟁을 원치 않습니다. 하지만 그렇다고 당장 군대를 줄일 수는 없으니 당분간 상황을 지켜봅시다.

처칠 의원은 전쟁광입니다.

맞아요. 젊었을 때부터 그렇게 전쟁터만 쫓아다니더니 이번에도 전쟁을 하고 싶은가 봅니다.

어찌 다들 그렇게 눈앞의 일만 생각하는 걸까요? 히틀러는 당장이라도 전쟁을 일으킬 기세인데.

만일 이런 상황에서 전쟁이 일어난다면 너무나 큰 희생을 치르게 될 거예요.

아무도 내 말을 들으려 하지 않소!

포기는 당신에게 어울리지 않아요. 분명 당신의 말에 귀를 기울여 줄 사람이 있을 거예요.

처칠이 예상한 대로 얼마 지나지 않아 히틀러는 베르사유 조약을 어기고 제1차 세계 대전 이후 비무장 지대가 된 라인란트에 군대를 주둔시켰습니다.

다음은 체코슬로바키아다!

*하일 히틀러!

*하일 히틀러: 나치 경례. '히틀러 만세'란 뜻임.

히틀러는 독일 민족을 통일한다는 명분으로 오스트리아를 합병하고 체코슬로바키아의 수데텐 지방에 눈독을 들였습니다.

독일 민족이 살고 있는 수데텐 지역의 합병에 동의해 주십시오.

프랑스와 우리 영국은 전쟁을 막기 위해서라면 수데텐 지역이 독일에 합병되는 것에 동의합니다.

독일과 수데텐 지역의 합병을 인정하다니 무슨 어처구니없는 짓을 한 겁니까?

영국 정부는 싸워 보지도 않고 패배한 것이나 마찬가지입니다. 이 일은 우리를 두고두고 괴롭힐 것입니다.

저게 무슨 소리야?

또 처칠 의원인가?

당장 전쟁이 일어나지 않는다고 안심할 수 있습니까? 지금 우리는 전쟁을 피하지 말고 맞서 싸워야 할 때입니다.

저를 전쟁광이라고 비난해도 좋습니다! 하지만 처음 수데텐 지방만을 원한다던 독일이 지금은 어떻습니까? 이제 정말 전쟁이 코앞입니다. 이대로 앉아서 당할 수는 없습니다.

흠.

준비되지 않은 전쟁으로 우리 젊은이들이 얼마나 많은 피를 흘려야 후회하시겠습니까?

일리가 있어.

요즘 국제 정세를 보면 처칠 의원이 경고한 대로 되어 가고 있는 것 같아.

1939년 9월 1일 새벽, 독일이 폴란드를 침략하자 처칠은 다시 해군 장관으로 임명되었습니다.

돌아오신 걸 환영합니다!

고맙네.
나라가 날 필요로 한다니
최선을 다해야지.

바로 일을 시작할 테니
현 상황에 대한 보고를
부탁하네.

현재 히틀러가 이끄는 독일군이
폴란드, 벨기에, 룩셈부르크를 돌파하고
프랑스로 진격하고 있습니다.

큰일이군.
프랑스까지 침략을 당하면
가까이 있는 우리 영국도
무사하지 못해!

전쟁이 현실로
닥쳐왔습니다.

전쟁 속 위대한 지도자 **163**

영국과 프랑스는 1939년 9월 3일
독일에 선전 포고를 했습니다.
다시 세계는 전쟁에 휩싸였습니다.

영국과 프랑스 연합군은 독일군에 맞서
맹렬하게 싸웠습니다.

하지만 독일의 전투력은
막강했습니다.
독일은 어느새 덴마크를
점령하고 노르웨이에
침입하였습니다.

영국과 프랑스 연합군은 독일에 맞서고 있지만 독일군의 기세가 워낙 강해 어려움을 겪고 있습니다. 노르웨이까지 독일에 패하여…….

우리가 이길 수 있을까?

글쎄…….

체임벌린 수상은 전쟁에 맞지 않아.

평화로운 때라면 모를까 체임벌린 수상은 전쟁에서 능력을 발휘하지 못해.

그리고 보니 처칠의 예견대로 되었구먼.

우리에겐 전쟁을 경험한 처칠이 필요해!

보어 전쟁에서 영웅이 되었던 처칠 말이지? 그의 돌파력이라면 분명 전쟁을 승리로 이끌 수 있을 거야.

영국은 제2차 세계 대전이라는 예기치 않은 상황에 크게 당황했습니다. 전쟁에서 이기기 위해서는 처칠과 같은 지도자가 필요했습니다.

폐하, 전 이 전쟁을 승리로 이끌 만한 능력이 없습니다. 사임하겠습니다.

후임으로 생각해 둔 사람이라도 있소?

윈스턴 처칠입니다.

그는 지금 해군 장관이 아니오? 바로 수상으로 임명하기는 어렵지 않겠소?

많은 국민들이 그가 수상이 되길 원하고 있습니다.

처칠은 전쟁을 예견하고 준비해야 한다고 말해 왔습니다. 충분한 능력이 있습니다.

흠, 그렇단 말이군.

알고 있겠지만 상황이 무척 좋지 않소. 부디 국민의 믿음에 보답해 주시오.

최선을 다하겠습니다.

수상이 되신 것을 축하드립니다.

전쟁 상황인 지금 수상이 되셨으니 힘드실 텐데…….

그렇지 않아.

난 이런 어려움이 있을 때 수상이 된 게 오히려 기쁘다네. 영국이 어려움에 처했을 때 나를 떠올려 주었다는 게 고맙네. 다만 너무 늦지 않았기를 바랄 뿐이야.

수상님!

뚜벅

뚜벅

처칠이 수상이 된 지
사흘 후 처음으로
대국민 연설을 하였습니다.

전쟁이 일어나면
엄마랑 아빠랑
헤어져야 해요?

그럴 일은
없을 거야.

엄마, 저 사람은 누구예요?

저분은!

제가 여러분께 드릴 수 있는 것은
오로지 피와 수고와 눈물,
그리고 땀뿐입니다.

우리는 가장 심각한 시련을
앞두고 있습니다.
여러분들은 나에게 묻습니다,
당신의 정책은 무엇이냐고.

저는 대답합니다!
육상에서, 바다에서, 하늘에서
자유를 지키는 것이라고!

!

하느님께서 주신
우리의 모든 힘과 능력을 총동원하여,
지금까지 유례가 없는 저 괴물과 같은
독재자를 상대로 자유를 수호하는 것,
이것이 우리의 정책입니다!

우리의 목표는 승리입니다.
어떤 대가를 지불하더라도,
어떤 폭력을 무릅쓰고라도
우리는 반드시 승리할 것입니다!

와 와 와 와 와 와

아가,
우리 승리할 거야!
처칠 수상님이 있다면
우린 분명히 이길 수
있어.

영국군은 벨기에서 프랑스와 함께 독일군에 맹렬히 맞섰지만 독일군에게 밀려 영국과 맞닿아 있는 북 프랑스의 덩케르크 해변에 고립되었습니다.

이대로 있다가는 연합군은 전멸할 겁니다. 병사들을 영국으로 탈출시켜야 합니다.

하지만 지금 배가 부족하지 않습니까? 연합군이 탈출하려면 무기는 모두 포기해야 합니다.

그렇다고 이대로 있다가 전멸할 수는 없지 않습니까?

무기가 부족해 전쟁에서 불리해지겠지만 귀중한 병사들의 생명을 외면할 수 없습니다. 모두 탈출을 명하십시오.

연합군은 무사히 탈출했지만 상황은 점점 나빠졌습니다.

큰일 났습니다. 프랑스가 독일에 점령당했다고 합니다.

뭐라고? 프랑스까지?

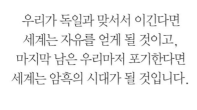

우리가 독일과 맞서서 이긴다면
세계는 자유를 얻게 될 것이고,
마지막 남은 우리마저 포기한다면
세계는 암흑의 시대가 될 것입니다.

세계의 희망은 이제 우리 영국뿐입니다.

우리는 반드시
이겨야 합니다.
영국의 승리가 전 세계의
승리입니다.

포기하지 말고 끝까지 싸워야 합니다!

싸웁시다!

영국의 힘을 믿습니다!

영국이 항복을 거부하자 독일은 즉각 영국을 공격했습니다.
영국은 섬나라였기 때문에 비행기를 이용해 영국에 폭격을
퍼부었습니다.

수상님!

수상 관저에 폭탄이 떨어졌습니다!

얼른 피하셔야 합니다!

난 됐네.

안 됩니다! 저희의 임무는 수상님을 안전하게 모시는 겁니다.

내가 고작 이따위 폭탄에 겁먹고 도망갈 줄 아는가? 어림없어!

하지만 매우 위험한 상황 입니다!

지금 저 밖에는 맨몸으로 독일군의 포탄에 노출된 국민들이 있네. 모두 나를 믿고 끝까지 런던을 지키고 있는 사람들이야.

그 믿음을 저버리고 내 안전만 생각할 순 없네!

수상이다.

처칠이야.

이 도시를 다시 세우려면 얼마나 많은 사람들의 노력과 수고가 필요할까…….

여기까지 어쩐 일이십니까?

여기 계시면 위험합니다. 언제 다시 폭격이 시작될지 몰라요.

하지만 수상님께는 영국의 운명이 달려 있지 않습니까?

여러분들은 여기서 생활하시지 않습니까?

아닙니다. 목숨은 다 귀한 것입니다.

조금만 더 참고 기다려 주세요.

전쟁이 빨리 끝날 수 있도록 최선을 다하고 있습니다.

다시 시작된 전쟁

하나 ⟨ **제2차 세계 대전이 일어난 이유**

제1차 세계 대전 이후 패전국인 독일은 정치적, 경제적으로
최악의 상황에 내몰립니다. 경제 공황으로 사상 최대의
물가 상승이 발생했고, 독일 국민들은 힘겨운 삶을 살게
되었습니다. 이렇게 사회가 혼란스러운 가운데 히틀러가
정권을 잡게 됩니다.

자기 민족의 우월성을 믿는 민족주의자이자 인종 차별
주의자였던 히틀러는 경제를 되살리고 빼앗긴 영토를
되찾는 목표를 가지고 강한 카리스마로 독일 국민의 지지를
얻었습니다.

수상이 된 히틀러는 국제 연맹을 탈퇴하고, 베르사유 조약도
파기했어요. 그리고 독일을 재무장시키고, 1936년에 라인란트
비무장 지대를 침공하였습니다. 유럽은 전쟁의 상처가 채
아물기도 전에 다시 전쟁의 소용돌이에 휘말린 것입니다.
1939년 9월 1일에 독일이 폴란드를 침공하자 위협을 느낀

폴란드 아우슈비츠 수용소. 폴란드 남부에
있었던 독일의 강제 수용소입니다. 가스실, 철
벽, 군영, 고문실 등에서 400만 명을 죽음으로
몰고 갔습니다.

who? 지식사전

아돌프 히틀러

아돌프 히틀러(1889~1945년)는 독일의 정치인으로 국민들의 지지에 힘입어 1933년 수상으로
임명되었습니다. 히틀러는 수상이 되었을 때 경제를 되살리고 잃어버린 영토를 되찾는다는
목표가 있었습니다. 그는 강한 카리스마로 피폐해진 독일을 재건하려 했으나 제2차 세계 대전을
일으켜 세계를 전쟁의 소용돌이로 몰아넣었습니다.

히틀러는 독일인이 가장 우월하다고 믿는 민족주의자이며, 반(反)유대주의자였습니다. 그래서
제2차 세계 대전 중에 수많은 유대인을 아우슈비츠 수용소에서 학살하였습니다. 반유대주의란,
인종적·종교적·경제적인 이유로 유대인을 배척하는 사상을 말합니다. 히틀러의 유대인 학살은
인류 역사상 가장 큰 비극 중 하나입니다.

아돌프 히틀러는 제2차
세계 대전을 일으킨 독일
의 정치가입니다

프랑스와 영국이 독일에 선전 포고를 함으로써 제2차 세계 대전이 시작되었습니다.

둘 ‹ 전쟁의 진행

독일의 편에 선 추축국은 이탈리아, 일본을 포함해 총 8개국이었고 연합국은 미국, 프랑스를 포함해 49개국이었습니다. 폴란드를 침공한 독일은 순식간에 폴란드를 함락시켰어요.
그 후 독일은 영국과 프랑스에 화평을 제의하지만 거절당하고 영국과 프랑스는 해상을 봉쇄하여 독일 경제를 고립시키는 것으로 압박을 가했습니다.

처칠이 수상에 오르기 전 영국의 수상이었던 네빌 체임벌린

독일의 프랑스 파리 점령

1940년 영국의 노르웨이 작전이 실패로 돌아가자 체임벌린 수상이 물러나고 처칠이 영국의 새 수상으로 취임했습니다. 그 무렵 독일이 프랑스 파리를 점령하자 프랑스의 드골 장군을 중심으로 모인 저항군은 런던에 임시 정부를 세우고 저항을 결의했습니다.
하지만 독일의 기세는 더욱 높아져 갔고 독일은 영국 본토에 대한 침공을 강행합니다.
독일은 영국이 섬나라라는 점을 이용해 비행기로 폭격하였습니다. 하지만 영국 공군은 치열하게 싸워 독일의 맹공을 물리쳤어요. 결국 독일은 영국을 점령하는 것을 단념했지요.
1941년 6월, 독일은 소련을 침공했습니다. 히틀러는 승리를 낙관했지만 소련은 만만치 않은 상대였어요. 또 영국과 미국이 소련에 원조를 약속함으로써 상황은 독일에 불리해졌습니다.

공중 폭격 이후 런던의 무너진 건물 잔해 사이에서 불을 끄는 소방대원의 모습 ⓒ New York Times Paris Bureau Collection

일본 제국주의

이 무렵 일본은 아시아 지역에 세력을 뻗치기 시작했습니다. 독일처럼 세계를 정복하겠다는 야망을 품고 있었던 일본은 중일 전쟁을 일으키고, 인도차이나 반도를 점령했습니다. 그러나 진주만을 습격한 일본은 미국에 역습을 당하고, 전세는 점점 연합국 쪽으로 기울었습니다. 1944년 6월 연합군은 노르망디 상륙 작전을 펼쳐 독일에 점령당했던 프랑스를 되찾았어요.

1944년 12월 히틀러는 반격을 시도하지만 4일 만에 진압되고 말았습니다. 1945년 2월 소련과 영국, 미국은 베를린을 포위하였어요. 이러한 사태에 절망한 히틀러는 자살하였고, 독일은 연합국에 무조건 항복하였습니다.

일본의 항복

하지만 전세가 완전히 기운 후에도 일본은 쉽게 항복하지 않았어요. 이에 미국은 일본의 히로시마와 나가사키에 원자 폭탄을 투하했습니다. 마침내 1945년 8월 15일, 일본은 연합군에 항복했습니다. 미국이 일본을 점령하고, 일본이 항복 문서에 서명하며 제2차 세계 대전은 막을 내렸습니다.

핵폭발 장면. 미국이 일본 히로시마와 나가사키에 투하한 원자 폭탄은 약 9만 명의 목숨을 앗아 갔습니다.

who? 지식사전

 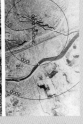

원자 폭탄 투하 전후의 일본 나가사키의 모습

최초의 원자 폭탄, 리틀 보이

1945년 8월 6일 오전 8시 15분 일본 히로시마 상공에 투하된 원자 폭탄, 리틀 보이로 인해 히로시마 인구 34만 3000명 중에서 사망자는 약 7만 명, 부상자는 13만 명에 이르렀습니다. 이후에도 방사능에 노출되어서 많은 사람이 죽거나 질병에 시달려야 했습니다. 완전히 파괴되거나 일부 파괴된 가옥은 7만 2000호에 달했습니다. 이 사건 이후 일본은 연합군에 무조건 항복을 선언했습니다.

제2차 세계 대전은 인류 역사상 최대 규모의 전쟁이었습니다.
전 세계 나라들이 전쟁에 직·간접적으로 참여했지요. 전쟁에
동원된 병력만 해도 1억 명이 넘습니다. 군인과 민간인을
합쳐 5천만 명 이상이 목숨을 잃었고, 원자 폭탄이
투하된 일본의 히로시마와 나가사키에는 20만 명 이상의
사상자가 생겼어요. 가장 큰 피해를 입은 나라는 독일과
소련으로 두 나라는 전 인구의 10분의 1이나 잃었지요. 두
번의 세계 대전을 치르면서 세계는 자유와 평화를 누리며
살아야 한다는 데 의견을 모아 유엔(국제 연합) 등의
국제기구를 창설하게 되었습니다.
전쟁에 패한 독일은 포츠담 협정에 의해 영토 일부를
상실하였고, 연합국에 점령되었는데 독일의 재건을 두고
연합국 사이에 의견 대립이 생겼어요. 결국 미국, 영국,
프랑스는 서독을, 소련은 동독을 점령하고 각자의 방식대로
독일을 재건하였습니다. 그후 베를린 장벽을 가운데 두고
서독과 동독으로 나뉘었던 독일은 오랜 노력 끝에 1990년,
통일을 이루었습니다.

현재 남아 있는 베를린 장벽의 모습

유엔(국제 연합) 창설

스위스 제네바에 있는 유엔

1945년 10월 25일, 세계 여러 나라가 모여 유엔이 만들어졌습니다. 유엔은
제2차 세계 대전 이후 세계 평화와 전쟁 방지를 위해 만들어진 국제기구예요.
반기문 전 사무총장이 한국인 최초로 이곳의 수장이 되어 화제가 되기도
했습니다.
유엔 이후 유럽은 유럽 공동체(EC), 유럽 연합(EU)을 차례로 만들어 유럽의
평화를 유지하고, 경제적인 도움을 주고받고 있습니다.

8 역사에 이름을 남기고

영국은 계속되는 독일군의 맹공에도 항복하지 않았고,
미국의 루스벨트 대통령과 긴밀히 연락을 주고받으며 군수 물자를 지원받았습니다.

이 전쟁에서
이기기 위해서는
미국의 도움이
절실합니다.

영국이 독일에 맞서 싸우는 것은
전 세계적으로 중요한 일입니다.
우선 무기와 군수품부터
적극 지원하겠습니다.

1941년 12월, 일본이 미국 영토인 하와이의 진주만을 폭격하자
미국은 일본에 선전 포고를 했고 태평양 전쟁이 시작되었습니다.

그리고 1945년 4월, 유럽에서 미국과 소련군에 의해 독일군이 크게 패하면서 전쟁은 많은 희생자를 남기고 끝났습니다.

만세! 만세!

전쟁이 끝났다!

우리가 이겼어!

처칠! 처칠!

여러분! 결국 우리가 해냈습니다!

와아아!

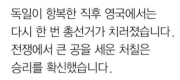

독일이 항복한 직후 영국에서는 다시 한 번 총선거가 치러졌습니다. 전쟁에서 큰 공을 세운 처칠은 승리를 확신했습니다.

아직 내가 할 일이 끝나지 않았어. 이 전쟁이 완벽한 승리가 될 수 있도록 마무리를 지어야 해.

수상 선거 연설 방송을 철저히 준비해야 해.

네!

전쟁이 완전히 끝나지도 않았는데 총선거를 실시하다니 역시 노동당은 생각이 짧군.

국가의 모든 생활과 산업을 통제하는 사회주의 정부는 대중의 자유를 억압합니다.

사회주의 정책을 지지하는 노동당은 마치 독일의 *게슈타포와 같습니다.

노동당이 게슈타포라니? 저런 위험한 발언을 하다니!

*게슈타포: 독일 나치스 정권 하의 비밀 국가 경찰.
　　　　　공산주의자와 사회주의자 탄압, 유대인의 추방과 학살 등 잔혹한 행위로 악명을 떨쳤다

게슈타포라면 독일 나치스의 비밀 경찰이잖아?

그러나 우리 보수당은 영국의 자유 사상을 존중합니다.

아무리 노동당의 정책이 마음에 안 들어도 그렇지 어떻게 적국의 경찰과 비교를 해?

전쟁이 끝난 지 얼마나 지났다고 그런 말을 함부로 하다니!

전쟁의 악몽이 다시 떠오르는군.

기회야! 처칠의 실수를 이용하면 우리 노동당이 승리할 수 있어.

ON AIR

조금 전 여러분은 처칠의 연설에서 편협하고 성급한 정치가로서의 모습을 똑똑히 볼 수 있었을 것입니다.

처칠은 전쟁 중엔
훌륭한 지도자였지만
이제 상황은 완전히
달라졌습니다.

뭐, 뭐라고?

지금 우리에겐 전쟁 상황을
수습할 새로운 지도자와
내각이 필요합니다!

맞아, 전쟁은 끝났어.

처칠이 이제
물러날 때가 됐군.

전쟁이 끝난 후 영국인들은 전쟁으로 파괴된 삶의 기반을 다시 세우길 원했고,
결국 선거는 복지 정책에 보다 초점을 맞춘 노동당의 승리로 돌아갔습니다.
처칠은 예상치 못한 결과에 큰 충격을 받았습니다.

이, 이럴 수가!

보수당의
완벽한 패배요.

노동당이
압도적인 표로
단독 내각을
구성했소!

1945년 7월,
처칠은 국민의 결정에 따라
패배를 인정하고 총리 관저를
떠나야 했습니다.

그만 가세나.

네.

보수당은 1951년 다시 집권에 성공했고, 처칠은 1955년 은퇴를 선언하기 전까지 또 한 번 총리로서 전후 유럽과 영국이 자리를 잡을 수 있도록 노력했습니다.

후, 세상이 많이 변했어.

영국의 식민지는 거의 다 독립했고, 미국과 소련의 힘이 커졌지.

'대영 제국'도 이제는 옛말인가……

처칠은 정치가로서의 오랜 경험과
전쟁에 관한 기억, 자신의 정치적 소신
등을 담은 책을 집필하기 시작했습니다.

무슨 글을 쓰시는
거예요?

전쟁에 관한 이야기를 쓰고 있소.
처음 전쟁터에 나갔을 때 큰 충격을 받았다오.
전쟁터의 끔찍함과 비참함은
상상 이상이었지.

그땐 왜 이런
전쟁이 일어났는지,
누굴 위해 아까운
목숨이 희생되어야
하는지 알지
못했지.

그래서 답은 찾으셨나요?

혹시 국회로 가면 알 수
있을까 생각해서 의원이 되고
수상의 자리까지 올랐지만
여전히 답은 알 수 없었소.

다만 다신 이런
전쟁이 일어나선
안 된다는 생각이
확고해졌을 뿐이오.
내가 겪은 일을
통해서 사람들이
지난 전쟁의
교훈을 잊지
않길 바라오.

부디 그랬으면
좋겠어요.

처칠은 자신의 인생을 돌아보며
많은 자료를 수집하고
제2차 세계 대전을 회고하는 책을
쓰는 데 온 힘을 다했습니다.

1953년은 처칠에게 무척 영광스런 한 해였습니다.
그는 《제2차 세계 대전》으로 노벨 문학상을 받았습니다.

처칠이 쓴 책이
노벨상을 받았다지?

그 소식을 듣고
당장 서점으로 달려온 걸세.

하루 만에 20만 부
이상 팔렸다며?

책을 보니
세계 대전 당시가
떠오르는구먼.

벌써 아주
오래된 일처럼
느껴지는군.

그땐 우리 영국이
전쟁에서 이길 수 있는
상황이 아니었어.

그랬었지. 독일이 얼마나
승승장구했었는지
모두 독일을 이길 수
없을 거라 생각했었지.

맞아!
그런데 처칠의
연설을 듣고 나서
우리가 이길 수
있을 거란 생각이
들었단 말이야.

그의 연설을 듣고 있노라면
당장 달려 나가 나라를 위해
이 한 몸 바치고 싶었네.

그땐 정말
그의 말이 큰 힘이
되었어.

또한 처칠은 같은 해 기사 작위를 받았고
영국 최고 명예를 상징하는 가터 훈장도 받았습니다.

빵
빵
빵ㅡ

영국에 지대한 공을 세운 윈스턴 처칠에게
가터 훈장을 수여합니다.
이제 처칠 경이라고 해야겠군요.

영광입니다,
여왕 폐하.

하지만 기쁜 일도 잠시,
갈수록 노쇠해 가던 처칠에게
뇌졸중이 찾아왔습니다.

으헉!

여보!

상황이 좋지 않습니다.
신체 일부가 마비되고
말을 못하실 겁니다.

아, 여보!

1965년 1월 24일, 차가운 겨울날이었습니다.
이날은 아버지인 랜돌프 처칠의 70번째 기일이었습니다.

이렇게 정신이
맑은 것은 정말
오랜만이군.

클레먼타인,

당신은 나이가 들어도 여전히 곱구려. 불같은 나와
사느라 고생도 많았을 텐데……. 참 고맙고
미안한 마음뿐이오.

그러고 보니 오늘이
아버지의 기일이구나.
왠지 아버지가
곁에 계신 것 같아.

라디오 속보를 통해 퍼진
처칠의 사망 소식은 영국을
슬픔에 잠기게 만들었습니다.

애야, 넌 윈스턴 처칠이
어떤 분인지 알고 있니?

네!
처칠은 영국을 구한
아주 훌륭한 분이세요.

그래, 영국뿐만 아니라
자유를 존중하는 모든 나라를
구하신 분이야.

우리는 위대한 지도자를
잃은 거란다.

그날은 무척 추운 날이었습니다.
매섭게 부는 찬바람은 사람들의 손과 발을 꽁꽁 얼렸습니다.

살이 에일 듯한 추위에도 많은 사람들은 처칠의 마지막 가는 길을 보기 위해 모여들었습니다.

당신이 있었기에
오늘날 우리 가족이 있습니다.
이제 편히 잠드세요.

위대한 영웅의 죽음에 영국 전역에는 조기가 걸리고 의사당의 시계는 멈추었습니다.

국장으로 치러진 처칠의 장례식에는 '군왕은 신하의 장례식에 참석하지 않는다.'는 관습을 깨고 엘리자베스 여왕이 참석해 그의 마지막 가는 길을 빛내 주었습니다.

미래를 내다보는 혜안과 꺾이지 않는 용기를 가진 지도자였던 그의 죽음을 애도합니다.

처칠 경이 있었기에 영국과 연방 국가들은 전쟁에서 이길 수 있었습니다.

그는 진정 지칠 줄 모르는 자유의 투사였습니다.

슬픔에 잠긴 것은 영국뿐만이 아니었습니다. 전 세계의 사람들은 텔레비전 방송을 보며 한 세기를 살아온 영웅을 배웅했습니다.

처칠은 한평생 외로운 자유의 투사였지만, 그의 마지막은 결코 외롭지 않았습니다. 그의 마지막을 지켜보는 많은 사람들이 있었기 때문입니다.

윈스턴 처칠은 그의 바람대로 고향 옥스퍼드셔에 있는 교회의 가족 묘지에 묻혔습니다.
처칠은 결코 남보다 특별하지 않았습니다.
오히려 많은 약점을 가지고 있었지만 처칠은 자신의 약점을 극복하고 어떠한 비난이 쏟아지더라도
자신의 신념을 결코 굽히지 않으며 스스로 결정한 길을 향해 앞으로 나아갔습니다.
그 결과 윈스턴 처칠은 제2차 세계 대전에서 영국과 유럽을 구한 영웅이 되었습니다.

만일 처칠이 없었다면 영국을 비롯한
전 세계의 역사는 완전히 달라졌을 것입니다.
카리스마 넘치는 연설로 국민들에게 희망과
용기를 심어 주었던 리더 처칠.
그는 위대한 지도자로서 영원히 기억될 것입니다.

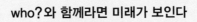

who?와 함께라면 미래가 보인다

어린이
진로 탐색

군인

어린이 친구들 안녕?
윈스턴 처칠 이야기 재미있게 읽었나요?

그렇다면 이제부터
윈스턴 처칠이 꿈을 키워 가는 과정을 함께 되짚어 보며
그가 활동한 분야와 그 분야에 속한 다양한 직업에 대해
살펴봐요!

또한 여러분에게는 어떤 장점과 적성, 가능성이
숨어 있는지 찾아보면서
그것을 어떻게 진로와 연결시킬 수 있는지에 대해서도
알아봅시다!

그럼 지금부터
여러분이 멋진 꿈을 향해 나아갈 수 있도록 도와줄
진로 탐색을 시작해 볼까요?

자기 이해부터
진로 체험까지,
다양한 진로 탐색
활동을 시작해 봐요!

내가 좋아하는 과목과
관련된 직업은?

어린 시절 윈스턴 처칠은 특히 영어 과목을 좋아했어요. 비록 라틴어나 수학같이
싫어하는 과목의 공부는 소홀히 했지만 대신 영어 공부만큼은 열심히 했지요. 덕분에
처칠은 문법에 맞는 정확한 영어를 말할 수 있었습니다. 이는 훗날 처칠이 책을
쓰거나 연설을 할 때 큰 도움이 되었답니다.

여러분에게도 윈스턴 처칠처럼 특별히 더 좋아하는 과목이 있나요? 그 과목이
무엇인지, 또 그 과목과 관련된 직업에는 어떤 것이 있는지 조사하여 적어 보세요.

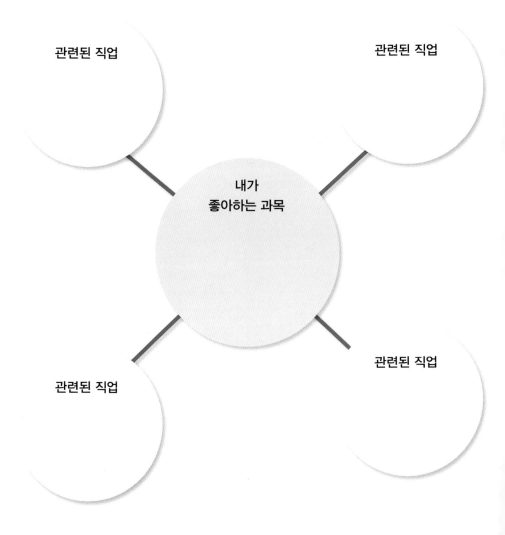

관련된 직업

관련된 직업

내가
좋아하는 과목

관련된 직업

관련된 직업

진로
탐색
STEP 2

내가 잘했으면
하는 일은?

어린 시절 윈스턴 처칠은 말을 더듬고 발음이 분명하지 않아서 친구들에게 놀림을
받곤 했어요. 정확한 발음을 위해 처칠은 거울을 보며 책을 또박또박 큰 소리로 읽는
연습을 했지요. 오랜 노력 끝에 처칠은 뛰어난 연설가로 인정받을 수 있었어요.
여러분에게도 윈스턴 처칠처럼 지금은 서툴지만 앞으로 꼭 잘했으면 하는 일이
있나요? 그 일을 잘하게 되면 어떤 모습일지 상상해 보세요.

내가 잘했으면 하는 일	그 일을 잘하게 되었을 때의 내 모습

역사 속 전쟁 비교하기

윈스턴 처칠은 다양한 전쟁에 참여했어요. 보어 전쟁에서 포로로 잡혔다가 극적으로 탈출하기도 했고, 제1차 세계 대전에서 영국을 지키기 위해 최선을 다했어요. 훗날 제2차 세계 대전에서 연합군이 나치에 대항할 수 있도록 상황을 이끌었기도 했지요. 전쟁은 너무나 큰 아픔을 남기지만, 때로 나라와 국민을 지키기 위해 발생하기도 합니다. 한반도의 역사에도 다양한 전쟁이 있었지요. 그중에서도 6·25 전쟁을 제2차 세계 대전과 비교하며 알아볼까요?

	제2차 세계 대전	6·25 전쟁
왜 일어났을까?	히틀러가 정권을 잡은 독일이 폴란드를 침공했다.	
어떻게 진행되었을까?	미국, 프랑스 등의 연합국과 독일, 일본 등의 추축국으로 나뉘어 싸웠다.	
전쟁이 끝난 후 어떻게 되었을까?	독일이 서독과 동독으로 나뉘었다.	

진로
탐색
STEP 4

어떤 군인이 되고 싶나요?

제2차 세계 대전 당시, 윈스턴 처칠은 영국의 공군 조종사들이 얼마나 중요한 역할을 했는지에 대해 "어느 전쟁에서도 이토록 적은 사람들에게 이토록 많은 빚을 진 적이 없다."라고 칭찬했어요. 이들의 전력이 절대적으로 부족한 상황에서도 효과적으로 공습을 막아 내거나 공중 전투를 펼치며 전쟁을 승리로 이끌었기 때문이지요.
군인들은 이외에도 다양한 분야에서 일하고 있습니다. 어떤 일을 하는지 알아볼까요?

육군
자국의 땅 위를 지키는 활동을 합니다. 총이나 전차로 적을 저격하거나 부대에 필요한 것들을 전달하고 지원하는 일을 합니다.

해군
큰 배나 잠수함과 같은 군함을 타고 바다에서 전투를 벌여 나라를 지킵니다.

공군
전투기를 조종해서 적의 침략을 막거나 정찰을 합니다. 이외에도 항공기 정비, 관측 등을 통해 하늘을 지킵니다.

군의관
군인들을 진료하거나 질병을 예방하는 일을 하는 의사로, 부대나 군 병원에서 일합니다.

군인

국방 과학 연구원
과학과 관련된 전문 지식을 바탕으로 필요한 무기나 기술을 개발합니다.

군 법무관
변호사 자격이 있어야 하며, 군 판사, 검찰관으로 군대 내의 일을 심판하거나 법적인 자문을 줍니다.

205

진로 탐색 STEP 5

직업을 바꾸게 된다면?

윈스턴 처칠의 직업이 평생 동안 군인이었던 것은 아니에요. 처음에 군인이 되었다가 그다음에는 종군 기자가 되었어요. 그리고 그다음에는 선거에 나가 당선되어 하원 의원이 되었고, 군수 장관과 해군 장관을 거쳐 수상이 되었어요. 수상의 자리에서 내려온 다음에는 작가로 변신해 노벨 문학상을 받았습니다.

평생 한 가지 직업을 가지고 살아가는 사람도 많지만, 윈스턴 처칠처럼 여러 번 직업을 바꾸는 사람도 많아요. 특히 평균 수명이 길어진 요즘에는 그런 사람이 더욱 많아지고 있습니다.

여러분이 만약 평생 동안 여러 개의 직업을 가지게 된다면 어떨까요? 어떤 직업을 어떤 순서로 가지고 싶은지, 그 이유는 무엇인지 생각해 보세요.

✳ 나는 첫 번째로 ⋯⋯⋯⋯⋯⋯⋯⋯⋯⋯⋯⋯⋯⋯⋯⋯⋯⋯라는 직업을 가지고 싶어요.

  왜냐하면 ⋯⋯⋯⋯⋯⋯⋯⋯⋯⋯⋯⋯⋯⋯⋯⋯⋯⋯⋯⋯⋯⋯⋯⋯⋯⋯⋯⋯⋯⋯⋯⋯⋯

  ⋯⋯⋯⋯⋯⋯⋯⋯⋯⋯⋯⋯⋯⋯⋯⋯⋯⋯⋯⋯⋯⋯⋯⋯⋯⋯⋯⋯⋯⋯⋯⋯⋯⋯⋯⋯⋯⋯⋯

  ⋯⋯⋯⋯⋯⋯⋯⋯⋯⋯⋯⋯⋯⋯⋯⋯⋯⋯⋯⋯⋯⋯⋯⋯⋯⋯⋯⋯⋯⋯⋯⋯⋯⋯⋯⋯⋯⋯⋯

✳ 나는 두 번째로 ⋯⋯⋯⋯⋯⋯⋯⋯⋯⋯⋯⋯⋯⋯⋯⋯⋯⋯⋯⋯라는 직업을 가지고 싶어요.

  왜냐하면 ⋯⋯⋯⋯⋯⋯⋯⋯⋯⋯⋯⋯⋯⋯⋯⋯⋯⋯⋯⋯⋯⋯⋯⋯⋯⋯⋯⋯⋯⋯⋯⋯⋯

  ⋯⋯⋯⋯⋯⋯⋯⋯⋯⋯⋯⋯⋯⋯⋯⋯⋯⋯⋯⋯⋯⋯⋯⋯⋯⋯⋯⋯⋯⋯⋯⋯⋯⋯⋯⋯⋯⋯⋯

  ⋯⋯⋯⋯⋯⋯⋯⋯⋯⋯⋯⋯⋯⋯⋯⋯⋯⋯⋯⋯⋯⋯⋯⋯⋯⋯⋯⋯⋯⋯⋯⋯⋯⋯⋯⋯⋯⋯⋯

206

전쟁기념관을 방문해요!

진로
체험

전쟁기념관 전경

전쟁기념관은 우리 역사 속 전쟁들이 주는 교훈을 기억하고 평화를 기원하기 위해 세워진 곳으로, 서울특별시 용산구에 위치하고 있습니다. 우리나라를 지킨 호국 영령들을 추모하는 호국추모실, 선사 시대부터 일제 강점기까지 전쟁의 역사를 보여 주는 전쟁역사실, 민족의 비극이었던 6·25 전쟁의 과정을 보여 주는 6·25 전쟁실, 우리 군대가 해외에 파견되어 했던 활동들을 전시하는 해외파병실, 우리나라의 육·해·공군의 탄생 과정을 전시하는 국군발전실, 우리 기술로 생산된 무기들을 전시하는 대형장비실 등 모두 여섯 개의 공간으로 이루어져 있습니다.

또한 전쟁기념관에는 어린이들을 위한 어린이 박물관이 따로 마련되어 있습니다. 전쟁의 역사를 학습하는 교육적 공간이자, 전쟁 역사 콘텐츠를 직접 경험해 볼 수 있는 공간입니다. 전쟁기념관에서 나라를 지킨 분들에 대한 고마움과 평화에 대한 소중함을 느껴 보세요.

선사 시대, 고려 시대, 조선 시대 등 시대별 전쟁의 역사를 살펴볼 수 있는 전쟁역사실

전쟁기념관 어린이 박물관 관람 안내

* **개관 시간:** 10:00~17:50
  매주 월요일 휴관, 월요일이 포함된 연휴에는 연휴 다음날 휴관
* **주소:** 서울특별시 용산구 이태원로 29
* **관람 시간:** 50분

연표 윈스턴 처칠

1874년		11월 30일, 영국 옥스퍼드셔주에서 태어났습니다.
1882년	8세	성 조지 학교에 입학합니다.
1884년	10세	브라이튼의 예비 학교로 전학합니다.
1895년	21세	아버지 랜돌프 처칠 경이 사망합니다.
		샌드허스트 육군 사관 학교를 졸업하고 제4경기병
		연대에 입대합니다.
1899년	25세	〈모닝포스트〉 신문의 종군 기자로 보어 전쟁에
		참가합니다.
		보어군에게 포로로 잡혔다가 탈출에 성공하여
		국민적 영웅이 됩니다.
1900년	26세	보수당의 후보로 출마하여 하원 의원에
		당선됩니다.
1904년	30세	보수당의 정책에 반대하여 자유당으로 옮깁니다.
1906년	32세	《랜돌프 처칠 경》을 씁니다.
1908년	34세	클레먼타인 호지어와 결혼합니다.
1910년	36세	내무 장관으로 취임합니다.
1911년	37세	해군 장관이 됩니다.

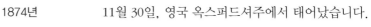

1915년	41세	제1차 세계 대전 중 작전 실패의 책임을 지고 해군 장관에서 물러납니다.
1917년	43세	군수 장관에 임명됩니다.
1919년	45세	육군 장관 겸 공군 장관이 됩니다.
1921년	47세	식민 장관이 됩니다.
1925년	51세	보수당으로 돌아갑니다.
1939년	65세	제2차 세계 대전이 발발하자 해군 장관으로 복귀합니다.
1940년	66세	총리에 취임합니다.
1945년	71세	제2차 세계 대전에서 연합군이 승리했으나, 선거에서 자유당에 패합니다.
1951년	77세	총리에 다시 취임합니다.
1953년	79세	기사 작위와 가터 훈장을 받습니다. 《제2차 세계 대전》으로 노벨 문학상을 수상합니다.
1965년	91세	1월 24일, 세상을 떠납니다. 국장으로 장례식이 치러집니다.

who? 한국사

초등 역사 공부의 첫 단추! '인물'을 알아야 시대가 보인다

● 선사·삼국　　● 남북국　　● 고려　　● 조선

※ who? 한국사 (전 47권) | 대상 초등학교 전 학년 | 책 크기 188×255 | 각 권 페이지 190쪽 내외

who? 인물 중국사

인물로 배우는 최고의 역사 이야기

※ who? 인물 중국사 (전 30권) | 대상 초등학교 전 학년 | 책 크기 188×255 | 각 권 페이지 190쪽 내외

who? 아티스트

최고의 명작을 탄생시킨 아티스트들을 만나다

● 문화·예술·언론·스포츠

※ who? 아티스트 (전 40권) | 대상 초등학교 전 학년 | 책 크기 188×255 | 각 권 페이지 190쪽 내외

who? 인물 사이언스

기술로 세상을 발전시킨 과학자들의 이야기

※ who? 인물 사이언스 (전 40권) | 대상 초등학교 전 학년 | 책 크기 188×255 | 각 권 페이지 180쪽 내외

who? 세계 인물

세상을 바꾼 위대한 인물들의 이야기

※ who? 세계 인물 (전 40권) | 대상 초등학교 전 학년 | 책 크기 188×255 | 각 권 페이지 180쪽 내외

who? 스페셜 · K-pop

아이들이 가장 만나고 싶고, 닮고 싶은 현대 인물 이야기

※ who? 스페셜 · K-pop | 대상 초등학교 전 학년 | 책 크기 188×255 | 각 권 페이지 190쪽 내외